TOP MODELS
Les coulisses de la gloire

TOP MODELS
Les coulisses de la gloire

Ian Halperin

Beaumont

Jennifer Walker et l'Hollywood Photo Agency ont pris les photos de l'auteur. Les autres photos sont de Keystone Agence De Presse.
Conception graphique : Emmanuel Aquin
Mise en page : Jean-Denis Rouette
Traduction et révision : Christine Balta
Correction : Francine Gariépy

Données de catalogage avant publication (Canada)

Halperin, Ian, 1964-

Top models: les coulisses de la gloire
Traduction de : Shut up and smiles.

ISBN 2-89551-000-8
1. Mode - Anecdotes. 2. Mannequins (Personnes) - Anecdotes.
I. Titre.

TT515.H3414 1999   746.9'2'0922   C99-941701-0

De Beaumont Éditeur
428, rue Rachel Est
Montréal (Québec)
Canada
H2J 2G7
Téléphone : (514) 985-0136
Télécopieur : (514) 879-8373
Courrier électronique : edition@debeaumont.net
Site Internet : www.debeaumont.net

DISTRIBUTION

Édipresse
Téléphone : (514) 273-6141
Télécopieur : (514) 273-7021

ISBN 2-89551-000-8

À Elizabeth Tilberis, rédactrice en chef du magazine Harper's Bazaar, décédée en 1990 après avoir mené un long combat contre le cancer. Liz, qui a fait ses débuts en Grande-Bretagne comme assistante pour le magazine Vogue, est devenue un des personnages les plus respectés du monde de la mode. Elle a été ma source d'inspiration pendant les années où je préparais ce livre et restera pour moi un être de lumière.

Aux mannequins maltraités et humiliés. À toutes celles qui sont restées dans l'ombre.

À Gia - repose en paix.

Prologue
MANNEQUIN DÉTECTIVE

Mars 1999. Je viens d'atterrir à Los Angeles et je suis fatigué. Je descends chancelant d'un jumbo jet bondé d'Air Canada dans lequel j'ai passé six heures à écouter les mêmes airs pop que déversent les écouteurs de mon portable. Los Angeles n'a jamais été ma ville de prédilection et dans mon souvenir, il n'y a ni parties sur la plage, ni restaurants chics. Dans mon souvenir, il y a des hôtels crasseux et chers. À l'époque, je faisais la recherche pour un livre que j'ai co-écrit sur l'idole grunge disparue, Kurt Cobain. Cette fois-ci, c'est différent. En échange d'une entrevue à l'émission « VH1 Confidential » j'ai droit à une chambre au Sportman's Lodge Hotel, établissement modeste mais légendaire de Ventura Drive, que l'on peut voir dans la série Beverly Hills 90210.

Il est midi à Los Angeles, et le mot d'ordre ici c'est l'esquive, mais l'esquive est impossible. Comment éviter la circulation sur l'autoroute 105 où on roule pare-chocs contre pare-chocs? À L.A. il y a des embouteillages matin et soir qui vous font perdre chaque fois de trente à quarante minutes. Je roule dans la Cavalier blanche louée à l'agence Enterprise de l'aéroport pour 149 $ par semaine. Le poste de radio déverse un chorus de « Changes » de Tupac Shakur. Les embouteillages me mettent déjà les nerfs en boule, mais je sais qu'à L.A. il est parfois risqué de vouloir gagner du temps. Chaque fois que je m'énerve, je repense au fait divers que j'ai lu dans le *L.A. Time* lors de mon dernier séjour. Sur l'autoroute, un homme a tiré une balle dans la tête de l'automobiliste qui venait de lui passer devant.

Pourtant, je sais que ce voyage va être différent. J'ai apporté quelques photos prises à Montréal et New York, ma carte composite et quelques vêtements de designers branchés, pour jouer mon rôle. C'est un de mes amis recruté comme mannequin à Milan qui m'a donné l'idée de faire ce livre. Milan est dans le monde la ville qui attire le plus de jeunes mannequins. Cet ami, qui n'avait que dix-sept ans à l'époque, a été agressé sexuellement par l'agent censé lui trouver du travail. Il est reparti au bout de deux semaines. De retour à Montréal, il m'a dit que son agent le harcelait, l'accompagnait dans des soirées, veillait à ce que son verre soit toujours plein, et lui offrait de la drogue. Cette histoire sordide réveille mon instinct de journaliste et je contacte des gens que je connais qui travaillent dans le milieu. « C'est un monde épouvantable, me dit un ami qui travaille pour Warner Brothers Music, si tu crois que l'industrie de la musique est corrompue, ce n'est rien à côté du milieu de la mode. Il ne se passe pas une journée sans qu'on entende parler de mannequins drogués, violés ou même assassinés. C'est un milieu très louche. »

Comme au début de ma recherche je me heurtais à des portes closes, j'ai décidé d'infiltrer le milieu en me faisant passer pour un mannequin. L.A. est la troisième étape de mon voyage incognito après New York et Miami, où j'ai montré mon portfolio. Mais je n'ai encore reçu aucune offre concrète. La plupart des agents refusent de s'occuper de moi à cause de ma taille (je mesure 1 m 80), de mon « look » (pas le bon), de mon physique (pas celui de Tyson ou de Marcus Schenkenberg) ou encore de mon air « trop juif ». Mais dès mon arrivée à L.A., la chance tourne. Plusieurs agents me rappellent et je repars avec des rendez-vous pour FUBU, une compagnie de vêtements très en vogue auprès de la clientèle afro-américaine, qui veut que je fasse des essais.

Je fréquente les clubs en vue de Greenwich Village et de South Beach et j'y côtoie des couturiers, des agents et plusieurs top models tels que Kate Moss, Laetitia Casta et Naomi Campbell. Un soir, dans un club d'East Village, je me retrouve à quelques mètres de cinq top models qui roulent des joints avec des billets de cent dollars. Trois d'entre elles, qui ont bu du champagne toute la nuit, font aussi plusieurs lignes de coke.

Plusieurs des top models que j'ai eu l'occasion de rencontrer m'ont dit venir de familles riches et ont admis n'avoir jamais connu de problèmes d'argent. « C'est ce qui explique qu'elles font des fêtes d'enfer tout au long de leur carrière, déclare le sociologue Earle Weston, pourquoi mettre de l'argent de côté quand on sait que papa sera là une fois la carrière terminée? Alors tout l'argent gagné passe dans l'alcool et la drogue. C'est une véritable maladie. Personne n'a conscience de se détruire, personne ne comprend que l'argent ne répare pas la santé. »

Tandis que je roule dans West Hollywood, le long de Sunset Boulevard, pour me rendre à mon premier rendez-vous, la Look Modeling Agency, je vois des clubs qui comptent parmi les plus hot de L.A. comme le House of Blues, le Viper Room et le Whisky A Go-Go. Ce dernier affiche le spectacle de Nancy Sinatra. Quand j'arrive au bureau de l'agence située au 8490 West Sunset Blvd, les photos de mannequins qui recouvrent les murs me sautent aux yeux. Des dizaines de cartes sont disposées sur un plateau. J'en regarde quelques-unes. Ainsi j'apprends que Greta Corey a posé pour *Esquire* et pour le numéro de *Sports Illustrated Swimsuit* de 98, et que Jennifer Howard a fait une apparition dans le dernier vidéo de Hole et est aussi une habituée de l'émission du Dr Gene Scott.

Une femme à l'accent étranger m'accueille. C'est Susanne Lundin, un ex-mannequin des années 80 qui a pris quelques kilos mais dont la beauté est restée intacte. Elle a l'air stressée et l'entrevue ne débute pas dans un optimisme délirant. Je me présente et elle m'annonce qu'elle n'a que cinq minutes à me consacrer « J'ai une journée extrêmement chargée. Que puis-je faire pour vous? » Je lui explique que je cherche du travail et que j'ai besoin d'un agent. « Vous avez plus le physique d'un chanteur que d'un mannequin, dit-elle en regardant mes photos, mais j'ai pour principe de ne jamais refuser personne. J'ai vu tant de gens réussir dans ce métier, qui n'avaient rien d'un mannequin au départ! J'accepte d'être votre agent. Et puis le travail n'a pas l'air de vous faire peur? » Lundin me tend un questionnaire que je remplis. Mon pseudonyme est « Alfred E. Newman », ce personnage légendaire de *MAD* mais à ma grande surprise, aucun agent ne fait le rapprochement.

« Laissez-moi vos photos, Alfred, et je vous appellerai. J'aurai peut-être quelque chose pour vous en publicité. » En sortant, je remarque un mannequin aux cheveux bruns qui se dirige vers le bureau. Je lui dis que j'ai l'intention de les prendre comme agents et que j'aimerais bien qu'elle me parle d'eux. « Ils ne sont pas mal, mais c'est difficile de trouver un bon agent dans cette ville parce qu'il y a toujours quelque chose qui ne va pas. Mon dernier agent acceptait de s'occuper de moi à condition que je couche avec lui. Je l'ai envoyé promener. Look est une bonne agence parce que ce sont des femmes qui la dirigent. Alors quand on est une femme, ça élimine le risque des abus sexuels. Un bon conseil : assurez-vous que votre agent n'a pas des dizaines d'autres clients. Parce que si c'est le cas, il n'aura pas le temps de s'occuper de vous! »

Je roule sur Ventura Drive jusqu'à mon prochain arrêt, la World Modeling Agency, située sur Van Nuys Boulevard. À peine entré, j'ai un choc. La World Modeling Agency place des annonces dans les journaux locaux et j'ai l'impression de me retrouver dans une agence pour acteurs de films pornographiques. Des photographies de femmes et d'hommes nus sont placardées aux murs et la salle d'attente est pleine de gens à l'apparence plutôt miteuse. Une fille blonde vient s'asseoir à côté de moi, elle me dit qu'elle tourne des films hard et qu'elle pose nue pour les magazines. « Au début je travaillais sérieusement, mais ça ne payait pas. Grâce au porno, j'ai réussi à élever deux enfants, à m'acheter une maison et une voiture sport. » J'avoue que je n'en mène pas large quand la femme assise au bureau appelle : « Alfred E. Newman, c'est à vous ». L'entrevue dure à peine deux minutes. Elle me demande si j'ai déjà posé nu. Je réponds que non. Puis si je suis disposé à poser nu. Quand je réponds que non, elle me conseille de me trouver un autre agent.

En sortant, je jette un dernier coup d'oeil sur la salle d'attente et je ne peux m'empêcher de plaindre tous ces jeunes mannequins prêts à vendre leur corps pour un peu d'argent. Dehors, un mannequin du nom de Nancy Jackson me confie : « C'est de la prostitution déguisée, mais c'est quand même un boulot. Et puis avec ce genre d'agence, on sait au moins à quoi s'en tenir. Pas comme avec les "vraies" agences qui font semblant de s'intéresser à la mode et qui sont aussi mauvaises, voire pires! J'ai eu, comme tant d'autres mannequins, de très mauvaises expériences. Mon agent me battait, il me

13

violait et me volait mon argent. Ça peut paraître bizarre ce que je vais vous dire, mais je me sens en sécurité ici. »

Je décroche mon premier contrat en retournant au pays. Le directeur photo d'un magazine canadien qui s'appelle *Between the Cracks* m'appelle un matin. On est en plein hiver et je dois poser dehors.

À mon grand étonnement, ce premier contrat m'en amène d'autres pour FUBU et Willie Esco. Ce qui a commencé comme une enquête incognito devient un travail à part entière.

Au début, j'ai peur d'être découvert. Mais à la fin de mon premier contrat de mannequin, je suis vraiment dans l'ambiance et j'ai hâte à la prochaine séance photos. J'ai quelques dollars de plus dans mes poches et mon ego se porte mieux que jamais.

Chapitre 1
DEMANDEZ CIGARETTES, ALCOOL, HÉROÏNE...

Comme d'habitude, Kate Moss retourne chez elle à Londres entre deux séances de photos. On est fin octobre 1998 et Moss a passé presque toute la semaine dans de somptueuses limousines qui filent à toute allure dans les rues de la ville. Quelques semaines auparavant, sa nouvelle teinte de cheveux, orange, est le clou de l'European fashion show où elle a fait le défilé de la collection d'automne de Versace. Elle donne l'impression de vivre une vie de rêve. La réalité est tout autre : Kate Moss est au bord d'une dépression nerveuse qui va la conduire à l'hôpital où elle restera presque deux mois.

Quelques semaines avant sa dépression, on voit Moss entourée de paparazzi britanniques à l'ouverture d'une boîte du West end. La petite chérie des Anglais se fait aussi remarquer lors d'une soirée d'Halloween et à un défilé de mode où elle chante "Happy Birthday" à un des Backstreet Boys. « Elle était dans un état lamentable », de commenter le photographe pigiste André Ducharme qui a pris des photos de Moss quelques jours avant qu'elle ne s'effondre, « Kate a toujours été quelqu'un qui joue avec l'objectif, elle est généralement souriante et pleine d'entrain. Même si c'est une fêtarde invétérée, elle s'est toujours montrée polie avec les gens. En fait, Kate est un des mannequins les plus courtois que j'ai rencontrés. Mais là, vraiment, on aurait dit une épave. Je n'ai jamais vu Kate Moss dans un état pareil. Quand j'ai découvert quelques jours plus tard qu'elle était allée d'elle-même à l'hôpital, cela ne m'a pas surpris le moins du monde. En fait, je me suis senti soulagé. Combien de mannequins ne réalisent la situation que lorsqu'il est trop tard, combien en meurent! Alors je suis content que Kate ait eu la présence d'esprit de se faire soigner. C'est une fille qui a fait beaucoup, elle s'est démenée pour les mannequins et pour l'industrie de la mode en général. »

Moss a toujours un trac fou quand elle doit faire des défilés qui la mènent de ville en ville. Elle se défoule en fêtant chaque soir dans des réceptions complètement folles. D'habitude, elle récupère à temps pour le lendemain. Pas cette fois. Moss, qui prend régulièrement de la drogue depuis l'âge de douze ans reconnaît ne pas avoir fait un seul défilé « à jeûn » en dix ans. Ses journées types commencent par du champagne et de la marijuana qu'elle partage avec des amies mannequins. Sur le plateau, elle prend souvent un joint en cachette, et son flasque de whisky n'est jamais loin.

« Kate avait du mal à affronter les journées de douze à quinze heures de travail, confie Peter Sorensen, qui a travaillé autrefois avec Moss, il était évident pour tout le monde que Kate était gelée. Ses agents ne bronchaient pas. En fait, ils l'encourageaient. Tout ce qui les intéressait, c'était qu'elle pose, qu'elle défile et qu'elle fasse de belles couvertures pour les magazines. Kate n'était pas la seule à prendre de la drogue et à boire. Les photographes, les couturiers et beaucoup d'autres mannequins en font autant. Mais dans son cas, c'est plus grave. Elle est devenue accro. C'est dommage, parce que Kate est une vraie professionnelle qui n'a besoin d'aucun stimulant pour l'aider à avoir belle apparence. Il est regrettable que personne dans son entourage ne lui ait ouvert les yeux. Cela lui aurait épargné bien des tourments. »

Moss est une femme intelligente et complexe. Elle est belle, provocante, sensuelle, tout en étant sensible, amicale, distante, et d'une extrême fragilité. Mais elle peut aussi se montrer négligente et imprévisible. Les quelques jours passés avec ses copains à Londres l'ont épuisée physiquement et émotivement. Sa vie amoureuse ressemble aux montagnes russes. Sa relation houleuse avec l'acteur Johnny Depp est ponctuée de scènes de violence, de drogue et de beuveries.

En 1997, Moss est avec Depp quand ce dernier est arrêté pour avoir saccagé, en état d'ébriété, une chambre d'hôtel de New York. Ils se séparent cet été-là pour se retrouver un an plus tard au Festival de Cannes. Moss se conduit de façon très vulgaire. Elle dépense des milliers de dollars pour ses amis à l'Hôtel du Cap où la nuit coûte 4 000 $. Moss finit par se faire mettre à la porte à cinq heures du matin et est interdite dans cet établissement. « Tous ceux qui faisaient partie de sa suite se sont comportés comme de vrais ivrognes!, dit Jerôme Robert, qui a servi des boissons à Moss ce soir-là, elle était dans un état lamentable et très vite, elle a complètement perdu le contrôle de la situation. »

Il faut des heures aux femmes de chambre pour remettre la suite de Kate Moss en état. Les pots de crème et de produits de beauté qui ont été lancés violemment sur les murs ont endommagé les revêtements de soie qui ont coûté des milliers de dollars.

Après sa rupture avec Johnny Depp, Moss mène un train de vie encore plus fou qu'avant. On la voit en compagnie du chanteur Evan Dando du groupe Lemonhead dans des soirées new-yorkaises, serrée contre lui à l'ouverture d'une boutique Louis Vuitton ou lors d'une soirée bénéfice organisée par Yoko Ono. Elle sort ensuite avec le producteur Nellee Hooper, puis avec le millionnaire britannique Dan Macmillan et Goldie, l'ex-béguin de la chanteuse Bjork. « Depuis sa rupture avec Johnny Depp, Kate s'affiche au bras d'un type différent à chacune de ses sorties dans les clubs » confie Carmella Edwards, une habituée des boîtes de Londres qui a rencontré Kate Moss à plusieurs reprises. « Ça m'a vraiment fait de la peine pour elle parce qu'elle donne l'impression de vivre en perpétuelle dénégation. Et malgré son train de vie somptueux, elle n'a pas l'air d'être très heureuse. Je crois qu'elle a connu la célébrité trop jeune, avant même de savoir qui elle était. »

Il est indéniable que la jeune fille issue de la classe moyenne et élevée en banlieue de Londres a fait beaucoup de chemin en un temps record. Comme tant d'autres avant elle, elle a été découverte par hasard et a connu la gloire du jour au lendemain. C'est Sarah Doukas, fondatrice de l'agence Storm qui la découvre à l'aéroport JFK alors que Kate, âgée de 14 ans, retourne à Londres après avoir passé des vacances en famille aux Bahamas. Doukas lui offre un contrat sur le champ. « J'ai tout de suite su que j'avais trouvé une superstar, déclare-t-elle, il y a des milliers de mannequins dans le monde, mais tomber sur une fille comme Kate, ça n'arrive qu'une fois dans une vie. »

Doukas la met immédiatement au travail. Après avoir fait une série de photos pour des magazines jeunesse, Kate est bientôt très en demande et devient un des top models les mieux payés au monde. Quand elle fait la couverture de *Harper's Bazaar*, c'est la célébrité. Les rédacteurs et les photographes de mode se battent pour l'engager.

Demandez cigarettes, alcool, héroïne...

En l'espace de quelques semaines, son visage est sur toutes les couvertures des magazines de mode les plus prestigieux, comme *Elle* et *Vogue*. Le photographe Patrick Demarchelier, un ami de longue date, la présente à Calvin Klein qui déclare ne jamais avoir été aussi impressionné par un mannequin. Le couturier lui offre immédiatement un contrat de 1,2 million de dollars et Kate Moss devient le visage de la maison Calvin Klein, posant pour tous les produits du couturier, y compris pour le parfum Obsession et les lignes de vêtements. Elle pose avec la coqueluche du rap, Marky Mark, pour les sous-vêtements Calvin Klein dans ce qui sera une des publicités les plus controversées de la télévision.

Kate Moss déclare un jour : « C'est un milieu très exigeant, les journées sont extrêmement longues. Certaines personnes ont trouvé l'annonce pour les sous-vêtements trop explicite mais personne n'a remis en question son impact. Les gens savaient exactement ce qu'ils faisaient. Personnellement, je n'aimerais pas faire un autre métier, parce que j'adore sortir avec mes amis après le travail. Je suis jeune, alors autant m'amuser pendant que c'est possible. Je sais que ça ne durera pas toujours. »

En septembre 1998, elle se rend en Inde. Pendant tout le vol transcontinental Kate Moss et le groupe de mannequins qui l'accompagnent font la fête et mettent l'avion sens dessus dessous. Plus tard, elle expliquera : « C'est à ce moment-là que j'ai réalisé que j'avais besoin d'aide. Je n'avais plus aucun contrôle sur ma vie et j'étais devenue terriblement auto-destructrice. Toutes ces années de fêtes et de sorties accumulées commençaient à se faire sentir. Je savais que j'étais en danger et qu'il fallait que je réagisse. »

Le 4 novembre, son train de vie extravagant la rattrape. Elle dépérit à vue d'oeil et tombe dans une profonde dépression. Elle décide d'aller se faire traiter à la Priory Clinic, un établissement psychiatrique situé dans le sud-ouest de Londres qui se spécialise dans le traitement des dépressions, de la toxicomanie et des troubles psychologiques. Le soir de son arrivée, Moss est terrifiée. Assise dans sa voiture, elle regarde fixement l'immense édifice qui ressemble à un château. Résidence privée construite en 1811, le Priory est devenu un hôpital psychiatrique en 1870 et c'est aujourd'hui la clinique la plus sélecte de Grande-Bretagne. Dans le parc de stationnement ce ne sont que Rolls-Royce et Mercedes. De nombreuses célébrités comme Eric Clapton, Sinead O'Connor, Paul Merson et Paula Yates sont allés y chercher une aide psychologique. Les chambres, 105 au total, sont toutes décorées dans des tons doux et apaisants. Le service et les repas sont d'une qualité exceptionnelle. La clinique se vante d'avoir un taux de guérison de 70 pour cent pour les patients alcooliques et toxicomanes.

Les amis intimes de Moss confient qu'elle est très perturbée et qu'ils craignent pour sa vie. Elle déclare au journal londonien le *Daily Mirror* : « J'ai beaucoup travaillé et je suis beaucoup sortie. Je n'aime pas la tournure que prend ma vie. J'ai décidé de m'arrêter pour faire le point. »

Cette décision ne surprend personne. Plusieurs de ses proches sont même soulagés d'apprendre qu'elle va enfin chercher l'aide dont elle nie avoir besoin depuis tant d'années. « Kate a brûlé la chandelle par les deux bouts, confie Geoff Ollman, son beau-père, elle m'a dit qu'elle ne touchait pas à la drogue et je l'ai crue mais ses sorties ont fini par l'épuiser. Elle a besoin de se reposer. »

Elle passe plusieurs semaines en thérapie. Lorsqu'elle sort, elle se tient tranquille pendant plusieurs mois. Peu de temps après, on la revoit en compagnie de Depp faisant de la moto dans la campagne anglaise. « Il est évident que Kate voit la vie différemment depuis sa sortie de l'hôpital, déclare une de ses amies de Sloan Street, elle a mûri et fuit comme la peste l'atmosphère des parties à laquelle elle était tellement habituée. »

Pendant les deux mois qu'elle passe à la clinique, au tarif de 500 $ par jour, elle suit un traitement intensif en psychothérapie, sans télévision ni journaux, et se retrouve pratiquement coupée du monde extérieur. « Si je suis ici, c'est pour prendre du recul, pour faire le point. Pour moi, la seule solution est de faire face à la réalité et de trouver de l'aide. » Le 5 janvier 1999, à sa sortie de clinique, elle aperçoit dans l'allée une BMW de 100 000 $, cadeau de son ex, Johnny Depp, qui tient ainsi à lui souhaiter un prompt rétablissement. Mais avec Kate, les ennuis ne sont jamais bien loin.

Elle décide de prendre sa nouvelle voiture pour aller faire un tour. En quittant la chambre où elle méditait, elle laisse allumées les bougies qui mettent le feu à un foulard que sa mère lui a offert. Le feu se propage et il faut évacuer les occupants de l'immeuble. Heureusement, personne n'est blessé.

Un mois après sa sortie, dans une entrevue qu'elle accorde au magazine britannique *The Face*, qui lui avait donné son premier contrat important, Moss fait son auto-critique puis elle s'en prend à l'industrie de la mode. « En France et à Londres, on nous permet de fumer de la marijuana tous les jours... Mais j'ai toujours aimé ce style de vie. Les choses ont mal tourné et j'ai perdu le contrôle. Je ne veux pas revenir en arrière, j'ai arrêté la drogue et l'alcool, je suis célibataire, j'ai de très bons amis, j'aime mon travail. Je ne suis pas idiote. »

Au cours des mois qui suivent, Kate Moss assiste aux réunions des Alcooliques anonymes et des Toxicomanes anonymes. Mais elle fait bientôt reparler d'elle : elle recommence à faire la fête.

23

Top Models

Moss nie qu'elle reprend de la drogue mais toute cette publicité lui fait du tort et Calvin Klein décide de ne plus l'engager comme mannequin vedette. Il en a vraiment assez de son comportement et profite de sa dépression pour mettre fin à un contrat de plusieurs millions de dollars. Le 20 février 1999, on apprend que Calvin Klein a choisi une beauté moscovite de 18 ans, Colette Pecheckhonova, pour ouvrir et clore son défilé le plus important de l'année qui a lieu à New York lors de la Semaine de la mode. Après huit années, Klein et Moss coupent les ponts. L'agence Storm dément rapidement la rumeur soutenue par les media selon laquelle le top model aurait été renvoyé. L'agence déclare que le contrat a été résilié d'un commun accord. « Kate s'est donné de nouveaux défis et elle a décidé de ne pas renouveler son contrat », dit le communiqué.

Calvin Klein n'apporte aucun démenti. On prétend qu'il aurait déclaré : « Personne ne peut remplacer Kate ». Mais selon un de ses proches collaborateurs, il est ravi d'être enfin débarrassé d'elle et s'empresse d'engager une autre jeune britannique aux cheveux bruns, Lisa Ratliffe, une assistante dentaire de 19 ans. Elle ne commence sa carrière de mannequin qu'à la fin de 1998. C'est un découvreur de talent qui travaille pour l'agence Select qui la remarque à Londres alors qu'elle fait des achats avec des amies. On la voit dans la prestigieuse collection d'automne de Calvin Klein où l'on fait appel au célèbre photographe Steven Miesel. « L'engouement de Calvin Klein pour Kate s'est évanoui depuis longtemps, déclare l'associé du couturier, il s'est vite lassé de ses excédents de bagages, et aussi de l'entourage de Kate, qu'il s'agisse des gens de son agence ou des amis qu'elle traînait souvent avec elle lors des séances photos. Il n'appréciait pas non plus que les media fassent souvent état de sa consommation de stupéfiants.

Demandez cigarettes, alcool, héroïne...

Calvin a offert à Kate des millions de dollars de plus qu'à n'importe quel autre mannequin et estime qu'il n'a pas reçu en retour les bénéfices escomptés. Lorsque Kate apprend que Calvin Klein a choisi Colette Pecheckhonova pour le défilé de New York, le choc est terrible. Elle n'arrive pas à croire qu'elle vient d'être remplacée par une inconnue. Pour Calvin Klein, il s'agit davantage d'une décision d'affaires. En effet, il n'aura pas à payer à sa nouvelle recrue les cachets exorbitants qu'exigeait Kate Moss, et il n'a pas à craindre que Colette Pecheckhonova défile complètement gelée.

Moss réapparaît dans des défilés en février 1999, soit un mois à peine après sa sortie de Priory. Elle présente la collection de Versace à Milan, et fait le défilé de la Mode française à Paris. Elle a un peu changé mais arbore toujours son attitude provocante. Elle porte ses cheveux bruns lissés en arrière en un magnifique chignon tressé de rubans de soie. « C'était très émouvant de voir Kate tenter un retour sans drogue ni alcool, déclare le styliste Guy Mourier, aucun mannequin n'a su, comme elle, conquérir le cœur du public. Lorsque ses admirateurs apprennent qu'elle a des problèmes de drogue, beaucoup se sentent trahis par celle qu'ils considèrent comme leur petite chérie. Lorsqu'elle reprend les défilés, tout le monde se demande à Paris combien de temps elle supportera la pression sans replonger. Elle fait l'effet d'une bombe à retardement. C'est qu'elle n'est pas la première à tenter un retour après une cure de désintoxication, et c'est très dur d'oublier toutes les cicatrices du passé. La plupart des mannequins en sont incapables et finissent par tomber dans l'oubli. Un autre visage, jeune et beau leur succède bientôt. »

Moss déclare que ses problèmes psychologiques sont loin d'être résolus et qu'elle continuera à consulter un psychiatre au moins une fois par semaine. Elle parle de son séjour à la clinique comme d'une révélation. « C'est un peu comme être en pension, confie-t-elle au magazine *Face*. À la clinique, on pense soit que les patients sont des anciens toxicomanes, soit qu'ils en ont la personnalité, et qu'il existe des schémas comportementaux. Le fait de me retrouver parmi des gens qui ont consommé des drogues et de l'alcool m'a ouvert les yeux et je ne veux vraiment pas revenir à mes anciennes habitudes. C'était malsain. Je crois que j'ai longtemps nié que j'avais des problèmes. J'aurais pu continuer à boire mais je commençais à ne pas être heureuse. Après un temps, ça n'a plus d'effet. C'est moche. »

Au Festival de Cannes de 1999, les résolutions de Kate Moss semblent pourtant s'être envolées. Elle recommence à boire du champagne jusqu'aux petites heures avec un groupe d'amis bagarreurs. Comme elle est interdite de séjour à l'Hôtel du Cap à cause du scandale qu'elle a causé l'année précédente, Moss loue une maison avec plusieurs fêtards dont la star rock d'Oasis, Noel Gallagher et sa femme Meg Matthews. Moss est à Cannes pour un reportage de mode pour le magazine *W* avec le photographe Juergen Teller et les top models Claudia Schiffer et Giselle qui sont aussi des amis. Elle parvient à s'introduire dans le bar de l'hôtel et fait la fête tous les soirs avec des gens comme Daryl Hannah, Mel Gibson et Tamara Beckwith de "It Girl". À en croire un barman de l'hôtel, Moss ne tient pas debout et se donne en spectacle. « Ça m'a étonné parce que j'avais entendu dire qu'elle essayait d'arrêter de boire. »

Une des choses qui la fait rechuter est la relation de Johnny Depp avec Vanessa Paradis. La chanteuse française est enceinte de Depp et déclare qu'ils vont vivre ensemble. « Kate est jalouse, révèle

un ami intime, quand elle apprend que Vanessa
Paradis est enceinte de Depp, ça lui brise le coeur.
Elle n'arrive pas à y croire, elle qui espérait
reprendre sa relation avec lui. » Sa peine de cœur
agit comme un déclencheur : elle boit et
collectionne les petits amis. Selon la journaliste à
potins de MSNBC, Jeanette Walls, elle recommence
à faire la fête avec son nouvel amant, Robert Del
Naja du groupe Massive Attack. Quand ce dernier
la quitte pour retrouver son ancienne petite amie,
Kate est sous le choc. « Elle a vraiment l'impression
qu'on se moque d'elle, dit un proche, du coup, elle
qui tentait désespérément d'arrêter de boire
recommence. Elle a repris ses séances de
psychothérapie et aux dernières nouvelles, elle
essaie à nouveau de se débarrasser de ses
mauvaises habitudes. Je crois que sa guérison n'est
qu'une question de temps. Kate est une femme
forte, et plus elle traverse des épreuves, plus elle est
apprend à faire le tri. »

Chapitre 2
NAOMI, CINDY, CLAUDIA ET CHRISTY

Kate Moss n'est pas la seule à connaître des bouleversements en 1998 et 1999. Les Linda Evangelista, Claudia Schiffer, Christy Turlington, Naomi Campbell et Cindy Crawford font elles aussi les manchettes pour les mauvaises raisons. C'est un peu comme si les beautés des années 90 étaient devenues sauvages et incontrôlables.

Naomi Campbell est poursuivie pour 2 millions de dollars par une de ses anciennes assistantes qui l'accuse de l'avoir frappée au cours d'un voyage à Toronto. Georgina Galanis accuse en effet Campbell de l'avoir assommée avec un téléphone et de l'avoir menacée de la jeter hors d'une voiture en marche. Campbell réfute avec véhémence ces allégations et intente un procès à Galanis. Cette dernière dit qu'elle a subi des abus de Naomi Campbell qui dépassent l'imagination et qu'elle a engagé des poursuites pour que justice soit faite. « Personne ne peut traiter un être humain de la sorte et espérer s'en tirer indemne ».

Quelques mois plus tard, en mars 1999 à Milan, Campbell annonce qu'elle a rompu les liens avec la maison Versace, véritable dynastie de la mode qui l'a lancée sur la scène internationale. Depuis la mort de son fondateur Gianni Versace, les rapports que Campbell entretient avec « l'empire » Versace sont tendus. Elle se brouille avec Donatella, sœur de

Top Models

Versace et avec son frère Santo qui refusent de lui payer le cachet de 100 000 $ qu'elle réclame. « Rien n'est plus important à mes yeux que Gianni Versace, confie-t-elle, je l'aimais et j'aimais travailler avec lui. Nous avons travaillé ensemble plus de douze ans. Mais les choses ont changé. La situation n'est plus la même que lorsque Gianni était en vie. »

La maison Versace est ébranlée dans ses fondements par la mort tragique de son fondateur. Gianni Versace est assassiné d'une balle de revolver par le tueur en série Andrew Cunanan. Les frères et sœurs de Versace se battent pour remettre de l'ordre dans les affaires et assurer la direction de l'entreprise. Certains observateurs prétendent que l'argent dont ils ont besoin pour faire la transition provient des économies qu'ils réalisent en coupant dans les cachets exorbitants de Naomi Campbell.

Prenant la parole lors d'une cérémonie organisée par la ville de Milan qui tient à lui rendre hommage pour son engagement dans les oeuvres de charité de la ville, Campbell ne peut retenir ses larmes. Elle déclare aux journalistes que les Versace l'ignorent. « C'est vrai que j'ai été traitée comme un membre de la famille. Mais ces six derniers mois, ça n'a pas été le cas. Je ne suis pourtant pas n'importe quel mannequin! Alors pourquoi me traiter comme si j'étais une étrangère? »

Au cours d'une conférence de presse, Campbell arbore un costume Armani époustouflant. Donatella et Santo Versace sont fous de rage. « Naomi va trop loin », dit Donatella. Santo, qui participe à l'événement à titre de président de la Chambre italienne de la mode résume ainsi les choses : « Il arrive que certaines personnes se mettent sans raison à parler un autre langage et qu'elles ne se comprennent plus. »

Campbell explique aux journalistes que son agent a envoyé aux Versace un fax le 25 février et un autre le 3 mars pour les aviser qu'elle ne pourrait pas faire leurs deux défilés, celui de Versus, la ligne jeune de Versace, et les collections Versace. « On ne m'a pas écartée, insiste-t-elle, ça n'a rien à voir avec l'argent et il n'y a pas eu de querelle entre nous. Je n'étais pas libre, c'est tout. »

Campbell a déjà été le mannequin le plus célèbre de la maison. C'est Gianni Versace en personne qui la découvre au milieu des années 80. Naomi Campbell révolutionne l'industrie de la mode en portant les créations colorées et provocantes du couturier. Elle devient vite « la déesse des défilés ». Lorsqu'il meurt assassiné en juillet 1997 à Miami, Campbell est une des personnes les plus durement touchées. Lors d'une cérémonie commémorative qui se tient à Rome, où le milieu de la mode est venu rendre hommage au couturier, Campbell ne peut retenir ses larmes en descendant les Spanish Steps dans une robe splendide signée Versace. « Il n'y a pas de mot pour décrire ce que Gianni représentait pour moi, déclare-t-elle plus tard, sa mort est une perte irréparable. Gianni était la personne la plus gentille et la plus charismatique que j'ai connue. »

Depuis la mort de Gianni Versace, Campbell n'est pas toujours d'accord avec la façon dont Donatella et la nouvelle équipe dirigent l'empire de la mode.

« Naomi et Donatella avaient du mal à voir les choses de la même façon, déclare un mannequin qui est une bonne amie de Campbell, je ne crois pas que c'était désobligeant parce que Naomi a toujours tenu Donatella et le reste de la famille Versace en haute estime. Mais après la mort de Gianni, le cœur n'y était plus. Sans Gianni, les séances photos ne sont plus du tout les mêmes et Naomi fait une vraie dépression. Elle a connu bien des problèmes dans sa vie et elle devient auto-destructrice. Sa carrière s'en va à la dérive et elle a désespérément besoin de la relancer. Pour Naomi, la seule solution est de prendre un nouveau départ. »

Ça n'est pas la première fois que Campbell a un différend avec son employeur. En 1993, elle se brouille avec l'agence Elite et elle est renvoyée. Son patron dit d'elle qu'elle est la personne la plus difficile avec laquelle il ait travaillé. « Naomi est une petite dame manipulatrice, intrigante, grossière et impossible. Elle nous a traités nous et nos clients comme des chiens. » Campbell et Elite finissent par se réconcilier mais l'incident a laissé des traces.

Dans le milieu, certains considèrent que Cambell est fautive. Il faut dire qu'au fil des ans, elle s'est fait une réputation de prima donna. On raconte que lors d'une séance photos, elle refuse de quitter sa cabine tant qu'elle n'aura pas sa bouteille d'eau préférée. Quand on lui apporte une bouteille, elle la lance de rage contre le mur parce que ce n'est pas sa marque.

« Il faut regarder les choses en face, Naomi a toujours été une des personnes les plus difficiles de la profession ». C'est la consultante en mode, Irene Brown qui parle. « Elle suit son rythme à elle. Si on la contrarie, si on la blesse ou la vexe, gare! Elle peut piquer des colères épouvantables et vous faire passer un très mauvais quart d'heure. Mais il faut la comprendre. On lui en a tellement fait voir au cours de sa carrière qu'on ne peut pas lui en vouloir d'être agressive. Disons qu'elle prend les devants : si elle n'attaque pas, elle sait que les gens essaieront toujours de profiter d'elle. On peut dire ce que l'on veut de Naomi, personne ne peut nier qu'elle est un des meilleurs mannequins à avoir jamais fait un défilé. Il n'y en a pas beaucoup qui peuvent se comparer à elle. Elle a tellement contribué à changer le monde de la mode. Et dans cent ans, on se souviendra encore d'elle. On aura oublié les disputes et son mauvais caractère. On se souviendra de Naomi Campbell comme d'une grande artiste, au même titre que de Mozart ou Martha Graham dans leur domaine respectif. »

Cindy Crawford est très contrariée que son émission spéciale « Sex with Cindy Crawford» qui passe sur ABC et dont on a fait un gros battage publicitaire soit l'échec télé de l'année, arrivant en dernier dans les cotes d'écoute. Crawford qui vient d'épouser Randy Gerber, séduisant propriétaire de boîte de nuit démontre que sa personnalité au petit écran n'a rien à voir avec ses talents de mannequin.

« Cindy est devenue la risée de la télévision, dit le critique Don Thompson, elle s'est couverte de ridicule. Elle est tombée enceinte peu de temps après, et c'est peut-être le moyen qu'elle a trouvé pour oublier toute cette histoire. À mon avis, elle aurait dû consulter davantage et consacrer plus de temps à la recherche avant de se lancer dans un domaine dont elle ignorait tout. Le fait qu'elle soit une des plus jolies femmes du monde ne garantissait pas que le public ait envie de la voir à la télévision. Ce n'est pas la première fois que des réalisateurs de télévision commettent ce genre d'erreur. Ils prennent une beauté célèbre, la placent devant la caméra et s'imaginent que le public suivra automatiquement. Il y a souvent de mauvaises surprises.»

Crawford est une première de classe qui rêve de devenir la première présidente des États-Unis. Sa carrière de mannequin démarre en 1986. Elle est finaliste au concours de beauté qu'organise l'agence de mannequins Elite. On la transfère immédiatement d'Elite Chicago à Elite New York où elle devient un des visages les plus célèbres du monde en représentant les produits Revlon. Mais la

33

meilleure décision de sa carrière est de poser nue pour *Playboy*. « Beaucoup sont furieux et lui reprochent de violer une règle implicite de la profession, qui veut qu'on ne fasse aucune photo de nus », déclare la rédactrice de mode Deidre Brown. Beaucoup croient que Cindy essaie de voler la vedette et on craint que cela ne crée un précédent fâcheux. Mais Cindy est brillante, elle sait exactement où elle s'en va. La double page de *Playboy* lui fait une publicité monstre qui profite à l'industrie de la mode tout entière. Les top models n'ont jamais connu un tel succès. Bref, tout le monde y gagne.

Les offres pleuvent de tous côtés. Un réalisateur de MTV très impressionné par les photos signe un contrat avec Cindy pour animer l'émission à succès The House of Style. Il ne faut pas oublier non plus que Cindy est, depuis Jane Fonda, celle qui vend le plus de vidéos d'exercices physiques, et qu'elle lance son propre calendrier de maillots de bain dont elle verse plus de la moitié des profits à la fondation pour les enfants atteints de la leucémie.

Plusieurs observateurs d'Hollywood estiment que son bref mariage avec la coqueluche du cinéma Richard Gere fait plus pour la carrière de ce dernier que pour la sienne propre. Quand le couple pose pour une couverture de *Vogue* photographié par le célèbre Herb Ritts, on chuchote que Gere essaie désespérément de faire monter sa cote. « Les films de Richard ne sont plus aussi populaires, dit une amie proche de Crawford, et même s'il s'y est pris très discrètement, je suis convaincue qu'il s'est servi d'elle pour sa carrière. Gere adore être accompagné de starlettes lors des premières et des concerts. »

Deborah Winger ne se prive pas pour dire que l'acteur a un caractère impossible et qu'il est très pénible de l'avoir comme partenaire. Le tournage du film « An Officer and a Gentleman » primé à

Naomi, Cindy, Claudia et Christy

l'Academy Award a été infernal à cause de la personnalité de Richard Gere. L'actrice ajoute qu'elle a particulièrement détesté les scènes érotiques, comme elle s'en explique lors de l'entrevue qu'elle accorde à Barbara Walters.

Lorsque le couple Crawford-Gere divorce en 1994, des bruits courent sur l'orientation sexuelle de Cindy et Richard. On prétend qu'ils sont homosexuels. Ni l'un ni l'autre ne donne de démenti. Gere ne répond pas quand un journaliste lui pose la question et Crawford défraie la chronique en posant en page couverture avec K.D. Lang, la chanteuse lesbienne la plus célèbre au monde.

« Cindy est un génie du marketing, déclare un de ses amis intimes, tout le monde sait qu'elle n'est pas homosexuelle. C'est sa façon à elle de répliquer. Avec toutes les rumeurs qui courent sur elle et sur Gere, elle décide de poser avec K.D. Lang pour jouer le jeu et piquer encore plus la curiosité des gens. Et ça marche! Cette photo d'elle avec K.D. restera dans les annales de la mode », déclare une de ses amies. Plusieurs mannequins gais applaudissent Crawford pour ses efforts. « Pendant des années, mon agence m'a obligée à cacher que j'étais gaie, craignant que cela nuise à ma carrière, confie Fiona, une beauté rousse californienne, j'ai toujours pensé que ça n'était pas correct de cacher au public qui j'étais réellement. En plus, tout le monde sait que la majorité des gens qui travaillent dans ce milieu sont gais ou bisexuels. Quand Cindy est apparue avec K.D. Lang, j'ai trouvé l'idée brillante et je connais une bonne dizaine de mannequins qui partagent mon point de vue. On s'est tous sentis soulagés. Les temps sont révolus où on ne plaisait qu'aux hommes. Je ne dis pas que les hommes ne regardent plus les femmes, je dis qu'aujourd'hui la 'mode est davantage considérée comme un art. Les gens sont beaucoup plus ouverts sur ces questions et plusieurs personnes, hommes et femmes, ont envie de voir des mannequins gais. Pour moi ça reste un mystère qu'on essaie encore de faire comme si ça n'existait pas. Je peux dire qu'en neuf ans de métier, tous les couturiers avec lesquels j'ai travaillé étaient gais. »

MTV aide Crawford à se familiariser avec la caméra mais elle n'est pas faite pour le petit écran. « Cindy est un des mannequins les plus intelligents que je connaisse, dit le réalisateur de télévision Allan Crawley, mais faire de la télévision, participer à un défilé et animer une émission de télévision sont des choses complètement différentes. Les gens étudient pendant des années l'art de la télévision. Je ne crois pas que l'échec de l'émission d'ABC soit imputable à Cindy mais à ces crétins de réalisateurs qui placent le physique avant le métier. Il ne faut jamais se fier aux apparences. »

Après avoir présenté la collection de Giorgio Ferrari à Milan, Claudia Shiffer stupéfie le milieu de la mode en annonçant qu'elle plaque tout. « C'est mon dernier défilé », dit-elle. Et elle aurait ajouté : « Je ne serai plus jamais mannequin ». Elle apporte plus tard un démenti mais consacre depuis la plupart de son temps à faire des films à Hollywood au lieu de faire des défilés.

Claudia Schiffer a grandi à Rheinburg en Allemagne. Elle est découverte dans une discothèque de Düsseldorf par deux grands directeurs de Metropolitan, la légendaire agence de mannequins parisienne. « Les choses ont beaucoup changé depuis quelques années mais pas dans le bon sens. Je ne me sens plus aussi motivée qu'au

Naomi, Cindy, Claudia et Christy

début et l'énergie n'est plus la même », déclare-t-elle.

Au milieu des années 90, Schiffer s'éloigne sensiblement des chemins battus en faisant la page couverture de plusieurs magazines qui n'ont rien à voir avec la mode, comme *Rolling Stone*. Arline Souliers, son agent parisien dit que si Claudia n'avait pas diversifié ses activités, elle aurait trouvé le métier trop monotone et aurait sans doute abandonné. « Claudia est très différente des autres filles. Elle n'aime pas se répéter. C'est quelqu'un de très créatif, qui adore se lancer dans de nouveaux projets. C'est sa vie. »

Ce penchant pour l'aventure nuira à sa carrière à plusieurs reprises. En effet, on la critique beaucoup pour avoir fait plusieurs publicités télévisées provocantes, en particulier celle de la Citroën Xsara 1998, où on la voit enlevant sa robe et ses dessous. Ce strip-tease provoque la colère des militantes féministes du monde entier, qui dénoncent la gratuité de cette utilisation du corps féminin et qui trouvent ça de très mauvais goût. Du coup on révise la façon de publiciser le sexe pour vendre certains produits.

« D'un côté, comme on dit, la publicité même mauvaise, c'est toujours de la publicité, déclare Al Tanner, un directeur publicitaire new-yorkais, mais à long terme, ça a fait du tort à la carrière de Claudia. Les gens étaient outrés qu'elle sacrifie ainsi son corps et ses principes pour de l'argent. Je suis sûr qu'elle était consciente du scandale que cela provoquerait. Mais elle savait aussi que l'attention qu'elle recevrait serait incalculable. »

Christy Turlington déclare qu'elle en a assez et qu'elle est épuisée. Elle s'inscrit en tant qu'étudiante libre en art à l'Université de New York. En mai 1999 Turlington obtient son diplôme.

Elle est le point de mire de la cérémonie de remise des diplômes au cours de laquelle Bill Cosby fait un discours très émouvant. « Je voulais me distancier, me retrouver, déclare-t-elle, bien sûr, les gens en avaient assez de nous, et c'était réciproque. Tout ce que représente la vie des top models n'est qu'une mode passagère qui ne mérite pas qu'on s'y accroche. »

Turlington qui débute à l'âge de 13 ans est consacrée « Visage du 20ème siècle » par le Metropolitan Museum of Art. Elle est connue pour avoir son franc-parler. En 1994, on fait un documentaire sur elle, qui s'intitule « Christy Turlington en coulisse », où elle parle des pour et des contre de la vie d'un top model. Elle explique l'importance que revêt l'éducation et la prise de conscience. Elle a 13 ans lorsqu'un photographe de San Francisco la découvre, mais elle choisit de terminer ses études secondaires avant de devenir mannequin chez Ford à l'âge de 18 ans. Turlington est aussi une des célébrités qui s'expriment le plus ouvertement pour la défense des animaux. Elle est le porte-parole préféré de PETA, un organisme qui préconise l'action positive. Elle a toujours refusé de présenter des vêtements en fourrure et est suivie en cela par d'autres mannequins. Turlington cause tout un émoi lorsqu'on la voit posant nue sur des panneaux réalisés pour une campagne anti-fourrure. En outre, elle verse des centaines de milliers de dollars à la El Salvadorian Foundation en réalisant son propre calendrier, dont toutes les photographies sont prises au Salvador, pays de naissance de sa mère.

« Christy est une perle, de déclarer le photographe William Rue, elle ne se prend pas au sérieux comme les autres top models et elle a une grande conscience sociale. Elle a gagné beaucoup d'argent et en a distribué une bonne partie pour venir en aide aux gens moins favorisés. »

Linda Evangelista fait les manchettes internationales pour s'être prétendument soûlée lors d'un défilé de mode portugais et pour avoir pris du poids. L'organisateur du défilé tente de récupérer son cachet de 100 000 $ mais doit se contenter de beaucoup moins. Selon certains media, Evangelista est enceinte de son petit ami, Kyle MacLachlan, la vedette de « Twin Peaks ». C'est une fausse rumeur qui ternit malgré tout l'image d'Evangelista.

« Dès que la rumeur a été diffusée, beaucoup de gens se sont désintéressés d'elle, de déclarer une journaliste de mode, Karen Porter, qui ajoute : « Linda semblait effectivement avoir pris quelques livres mais je trouve qu'on a exagéré. Selon certains de mes contacts qui étaient sur place, il est possible qu'elle ait été soûle comme on l'a dit, mais ça n'a rien d'étonnant dans ce milieu. J'ai vu tant de mannequins défiler dans un état d'ébriété avancé! Les organisateurs du défilé se souciaient plus du cachet élevé qu'ils s'étaient engagés à verser au top model et il n'est pas exclu qu'ils aient tenté de trouver là un moyen de ne pas la payer au complet. Les agents de Linda n'ont pas marché et ont finalement décidé de la retirer du défilé. »

On a longtemps considéré Evangelista comme un des meilleurs mannequins. Depuis 1989, date de son association avec le célèbre photographe de mode Peter Lindbergh, elle est devenue un des top models les mieux payés de tous les temps. C'est Lindbergh qui la convainc de porter les cheveux courts, un style qui deviendra sa marque de commerce, le fameux « look Evangelista ». Mis à part l'incident portugais, elle a toujours été en tête de liste pour présenter les collections des plus grands couturiers du monde.

« À mon avis, Linda s'est fait prendre au dépourvu, confie un couturier. Chacun sait que Linda est parfois extravagante mais le portrait qu'en ont fait les media est injuste. On a dit qu'elle avait l'air d'être enceinte. J'ai vu les photographies et j'admets qu'elle a effectivement l'air d'avoir pris quelques livres mais elle semblait plus fatiguée qu'autre chose. Depuis cette histoire, certains couturiers hésitent à l'engager. C'est le côté moche de la profession. Une fois qu'une rumeur est imprimée, les gens y croient, qu'elle se confirme ou non. Et la personne visée en fait toujours les frais. »

Evangelista apprend que le seul moyen de gagner dans une industrie où un petit groupe d'hommes fait la loi, c'est de se montrer forte et déterminée. Elle refuse de leur faire du charme et de les flatter. Elle refuse aussi de coucher avec eux. Elle se montre forte et déterminée. « Linda est passée par bien des épreuves au cours de sa carrière », déclare le journaliste de mode Milos Gurvin. « Alors qu'elle est encore un jeune mannequin qui essaie de percer à Paris, elle épouse un des agents les plus importants, Gérald Marie, qui a l'âge d'être son père. En cours de route, elle deviendra un des plus grands mannequins que la mode ait connu et un des plus respectés. L'incident qui s'est produit au Portugal a fait du tort à sa carrière. Il faut dire que dès le départ, les journalistes sont contre elle. Heureusement, son professionalisme prend le dessus et elle oublie vite toute l'affaire. »

Après le Portugal, Evangelista aspire plus que jamais à trouver l'homme de sa vie. Elle tombe amoureuse de Fabien Barthez, le célèbre gardien de but qui a joué lors de la Coupe du monde de football. Barthez est un compagnon attentionné qui reste à ses côtés pendant une année pleine de hauts et de bas. En juillet 1999, ils se marient. Ils partiront à St-Martin, en lune de miel avant le mariage proprement dit, à cause de la saison de football qui va bientôt reprendre. Un mois avant le mariage, ils se font cambrioler pendant leur sommeil. Les voleurs partent avec des bijoux et d'autres objets d'une valeur d'environ 150 000 $. « Linda a plutôt bien réagi, confie une de ses amies, les bijoux, Linda s'en fiche. Ce qui compte à ses yeux, c'est que Barthez soit toujours là. »

Chapitre 3
QUI FERA LA COUVERTURE?

Le public et les media se montrent de plus en plus réticents à l'égard des top models. C'est un milieu où tout est soigneusement orchestré mais où en coulisses il circule des histoires incroyables de jeunes beautés naïves qui deviennent célèbres pour se retrouver après quelque temps brisées par la drogue et le sexe. C'est un monde dans lequel la beauté est tout et la tragédie omniprésente. Beaucoup de gens du milieu reconnaissent que les top models ne créent plus aujourd'hui l'effet sismique d'autrefois. En novembre 1998, *Time Magazine* rapporte que les top models du monde sont détrônés par des actrices et des adolescentes dégingandées. « Il y a neuf ans de cela, rien n'était plus glamour que les coulisses d'un défilé Versace. *Time* citait Alisa Bellettini, productrice exécutive de House Of Style : « Aujourd'hui, on peut voir Amber Valetta assistant à un concert des Beastie Boys sans maquillage et les cheveux pas coiffés. Les tops models ne sont plus des déesses mais des femmes en chair et en os qui travaillent très dur. » Beaucoup attribuent ce déclin à l'attitude hautaine des mannequins.

Linda Evangelista aurait déclaré : « Christy et moi nous refusons de travailler en dessous de 10 000 $ par jour », ce qui enrage le public et le milieu. Il est clair que pour certains observateurs qu'après le Club des six, comme on les appelle, les nouvelles générations de mannequins n'auront jamais plus le même pouvoir.

« En 1995, le comportement de certains top models est tellement insupportable qu'elles se mettent beaucoup de gens à dos », déclare Michael Gross, auteur de l'ouvrage intitulé *Model : The Ugly Business of Beautiful Women*, « elles se prélassent dans des limousines et frappent le chauffeur de leurs talons aiguilles quand elles n'aiment pas sa façon de conduire. Les directeurs de magazine qui doivent faire affaire avec elles ne sont pas fâchés d'en être débarrassés. » Gilles Bensimon, ancien mari de Elle Macpherson, devenu depuis son directeur artistique, déclare à *Time* : « Claudia Schiffer est le meilleur exemple de la montée et du déclin d'un top model. À mon avis, on n'a pas besoin d'elle. Elle ne représente personne de vivant. Après quelque temps, le mannequin devient une poupée Barbie. Le public s'est lassé des entrevues avec Claudia Schiffer, comme il s'est lassé de l'affaire Lewinsky. »

Mais de nombreux observateurs disent que si le public est las de voir toujours les mêmes visages faire les pages couvertures, une nouvelle génération de top models saura redonner vie au milieu de la mode au cours du prochain millénaire. « Nous avons sans aucun doute atteint un point de saturation », déclare le président fondateur de l'agence Elite Models, John Casablancas, qui découvre chaque année 350 000 mannequins potentiels dans soixante-quinze pays différents. Il ajoute : « Les choses changent vite. Le public adore la mode et la beauté, il a hâte de découvrir la nouvelle Claudia Schiffer ou la nouvelle Linda Evangelista. »

Casablancas compare l'industrie des top models à d'autres milieux d'affaires. « Comme dans toute industrie, il y a de bonnes années et de moins bonnes années. Il faut bien admettre que l'industrie a subi récemment de nombreuses transformations qui, à mon avis, sont positives. »

Stephen Irskine a été engagé par une agence de mannequins new-yorkaise pour lancer de jeunes beautés. Il a donné sa démission peu de temps après à cause de la façon dont les mannequins étaient traités. « Ce n'est pas étonnant que le milieu soit en plein chambardement, déclare Irskine, on les traite comme des chiens. La dépression de Kate Moss ne m'a pas surpris. Ce qui m'a étonné, c'est qu'elle n'en fasse pas une plus tôt. Tant que les gens qui dirigent la mode ne réaliseront pas que les mannequins ont droit au respect, les histoires d'horreur se multiplieront et toute l'industrie en souffrira. Je ne suis pas d'accord pour qu'on s'en prenne aux filles. Ce sont les gens haut placés qu'il faut blâmer. » Irskine a quitté l'agence parce que son patron était plus intéressé à coucher avec les filles qu'à les faire défiler sur les podiums. Il ajoute : « Il leur faisait des avances et toutes sortes de fausses promesses. C'est pour ça que j'ai décidé de donner ma démission. Il n'y a pas de sens éthique dans ce milieu. J'adore la mode et je continue à croire que les top models ont un bel avenir mais il faut que les décideurs apprennent une fois pour toutes à traiter leurs employés convenablement. »

Irskine reste donc optimiste, et il n'est pas le seul. « On a créé les top models pour répondre au besoin de séduction, de fantaisie et d'évasion du public. Les top models jouent le même rôle que les vedettes du cinéma ou les Miss Monde d'autrefois », commente Jonathan Phang qui

Top Models

travaille pour la célèbre agence londonienne IMG, « les top models ont régné sur les podiums du monde entier pendant plus de dix ans, et qu'on les aime ou non, ils font partie intégrante de nos vies. Progressivement, les mannequins se sont tournés vers des domaines plus lucratifs comme la télévision, la publicité et le cinéma. Aujourd'hui, leur carrière dure peut-être moins longtemps qu'avant - des filles peuvent être en demande une saison, et ne plus avoir de travail à la saison suivante. »

Quelques top models se comportent comme de vraies adolescentes. Elles s'habillent n'importe comment, se montrent insupportables et voyagent en bandes. La tromperie, le snobisme et la futilité polluent littéralement cette profession.

Malgré cela, la plupart des critiques reconnaissent que l'avènement des top models marque un authentique changement et qu'il ne s'agit pas d'une vulgaire mode. Trônant au sommet du show business depuis deux ou trois décennies, les top models sont des hommes et des femmes qui fascinent le monde. Ils représentent en effet une sorte d'apothéose de la promotion personnelle, et qui bénéficie d'une surexpostion maximale. Ce qui n'empêche pas le public d'en redemander. L'industrie de la mode fait et refait sans vergogne l'image des top models tandis que nous guettons avec impatience le moindre de ses avatars. « Malgré tous les inconvénients, les mannequins hommes et femmes auront toujours du travail », admet Kate Moss. Elle ajoute : « Je ne vais pas prendre ma retraite. Si les gens veulent encore me payer pour que je fasse ce métier, je continuerai à le faire. »

Le paradoxe de ce milieu est que les femmes sont beaucoup plus payées que les hommes. Alors qu'un top model peut gagner jusqu'à 10 000 $ par jour, le meilleur mannequin homme ne peut espérer

Qui fera la couverture?

toucher qu'une fraction de ce montant. Le journaliste de mode Peter Barbera ajoute : « Ces dernières années, avec l'émergence de plusieurs grands noms, les mannequins hommes commencent à être reconnus. Mais il faut bien admettre qu'ils ont un bon bout de chemin à faire pour rattraper les top models féminins. Et je crois qu'il en sera toujours ainsi parce que l'engouement de la société pour la beauté féminine existe depuis des milliers d'années. »

Les couturiers aussi sont inquiets pour les top models. Comme l'ère des Claudia Schiffer et des Cindy Crawford touche à sa fin, on remplace les top models par des vedettes du spectacle plutôt que par des mannequins moins connus. Un débat persiste dans le milieu des grands couturiers : les jours des top models sont-ils comptés?

Calvin Klein est un des couturiers qui sont convaincus que l'ère des top models est révolue. En engageant des acteurs et des musiciens alternatifs pour présenter ses collections, Calvin Klein affirme qu'il ne fait que diversifier ses activités. C'est ainsi qu'on a vu défiler récemment la vedette rap Foxy Brown, la jeune actrice vedette Julia Stiles et la chanteuse alternative Liz Phair. « Je crois que les mannequins n'intéressent plus les gens », déclare-t-il en juin 1999 dans une entrevue : « Ce n'est pas un grand moment pour l'industrie des mannequins et c'est révélateur de notre société. Je crois que c'est bon.... Un joli visage ne suffit pas. Cela indique un certain changement de mentalité. » Klein fait des adeptes. En juin 1999, Courtney Cox, de l'émission de télé *Friends* est la vedette de *Harper's Bazaar*. En 1998, le célèbre magazine lance une nouvelle mode en remplaçant les mannequins par des personnalités de la télévision comme l'actrice

Top Models

Calista Flockhart qui incarne le personnage d'Ally McBeal.

Il est assez incroyable que *Harper's Bazaar* choisisse de donner la vedette à ces deux actrices filiformes plutôt qu'à des filles comme Claudia Schiffer ou Kate Moss, déclare la critique de spectacles Jane Strachan, ça lance un message très clair : l'industrie est saturée. À la télévision, la nouvelle tendance est de donner le premier rôle à des actrices tellement maigres qu'on les croirait anorexiques. Prenez l'exemple de Jenna Elfman et de Calista Flockhart. Elles ont du chien et sont plus commercialisables que le top model habituel. C'est parce qu'elles ont une exposition maximale. Le téléspectateur moyen achètera plus volontiers un magazine dont elles font la page couverture. C'est ce qui se passait dans les années 70, quand Farah Fawcett régnait sur la télévision. Elle a dû faire à l'époque au moins cinq fois la couverture des magazines. Aujourd'hui l'industrie revient à cette tendance qui s'avère beaucoup plus lucrative. »

Le fait de remplacer les mannequins par des célébrités crée une nouvelle vitrine promotionnelle pour les maisons de disques et leurs artistes. Dorénavant, les magazines musicaux qui comptent un lectorat essentiellement masculin doivent faire face à une rude compétition, celle des magazines de mode et de beauté dont le profil démographique est plus large. « C'est la meilleure chose qui soit arrivée aux maisons de disques depuis des années » commente un des présidents de Sony Music, qui ajoute : « Plusieurs de ces magazines refusaient de couvrir la carrière des artistes, à moins que leur maison de disques ne soit prête à acheter de la publicité. Nous avons longtemps été à leur merci. Mais lorsque les vedettes pop ont commencé à faire les couvertures, nous ne nous sommes pas privés pour les envoyer sur les roses. Nous avons trouvé là un nouveau moyen d'élargir notre public. Les musiciens auront toujours besoin de magazines comme *Rolling Stone* et *Billboard* mais ils ne sentiront plus la pression d'acheter de la publicité pour qu'on parle enfin de leurs albums. On a tellement plus de choix maintenant que des magazines comme *Vogue* et *Cosmo* publient des articles sur la musique. »

Cette nouvelle tendance a également des répercussions sur le nombre d'acheteurs de magazines musicaux. En 1998, et ce pour la deuxième année consécutive, la *Recording Industry Association* (Association de l'industrie du disque) révèle qu'il y a plus de femmes que d'hommes qui dépensent de l'argent dans le domaine musical. De l'avis du chroniqueur Martin Smith, ce revirement du profil démographique est imputable en grande partie à l'émergence de chanteuses pop comme Shania Twain, Lauryn Hill et Céline Dion à la fin des années 90. « Qui aurait dit qu'un jour il y aurait davantage de vedettes chez les chanteuses que chez les chanteurs? » Smith ajoute : « La musique pop a toujours été dominée par les hommes. Des stars comme Elton John, Sting et Prince ont toujours été au premier plan de l'industrie. Aujourd'hui ce ne sont que des femmes. La popularité des chanteurs semble bien terne par rapport à celle des Spice Girls, de Madonna ou de Jewel. »

Ces dernières années, les chanteuses pop les plus célèbres ont empiété sur le territoire autrefois réservé aux top models : Shania Twain, la diva de la musique country, pose habillée de rose pour la couverture de *Cosmopolitan*; Madonna fait la couverture de *Harper's Bazaar* et Céline Dion celle de *People*. Quant à Jewel et aux Spice Girls, elles ont chacune la leur dans *Vogue*. En août 1999, Courtney Love, la chanteuse principale de Hole, qu'on avait déjà vue sur la couverture de *Vanity Fair* fait celle de

Top Models

Jane Magazine. Elle s'exprime sur des sujets tels que : « Comment sortir avec des célébrités, faire l'amour à trois, et pourquoi les femmes bien en chair sont plus sexy. » « La génération actuelle veut voir ses héroïnes de rock en séductrices, déclare la critique de spectacles Rosalind Tobin, ça ne veut pas dire que le public préfère Shania Twain à Claudia Schiffer mais qu'il veut voir les deux. Auparavant, des magazines comme *Vogue* et *Harper's Bazaar* se limitaient à présenter des top models. C'est plus intéressant aujourd'hui. Et puis c'est toujours bon de secouer les choses et de faire un reportage sur quelqu'un de différent. »

Les musiciens gagnent beaucoup à être ainsi mis en vedette dans les magazines féminins. Ça leur permet, ainsi qu'à leurs maisons de disques, d'échapper à l'examen et aux critiques de la plupart des magazines de musique. « Si un magazine de mode décide de faire un reportage sur un chanteur célèbre, on est assuré que l'article sera très positif, confie l'agent publicitaire Earle Farmer, mais si c'est *Rolling Stone*, l'article peut être très négatif et ruiner la carrière du chanteur. Voilà pourquoi le milieu est si enthousiaste à l'idée que les artistes fassent des magazines comme *Vogue*. Pour eux, c'est de la publicité positive garantie. »

Si l'on en croit le directeur de la publicité de *Elle Magazine*, les magazines de mode comptent sur cette nouvelle tendance pour encaisser des méga-dollars en revenus publicitaires. « L'industrie de la musique a à sa disposition les budgets publicitaires les plus importants. » Il ajoute : « Nous ne laissons pas les vedettes rock faire les couvertures de nos magazines pour rien. Chaque dollar compte et rapporte. La musique est un puissant marché et nous espérons attirer les grosses maisons de disques comme Sony et MCA. »

Alan Light, rédacteur en chef de *Spin* et ancien rédacteur de *Vibe*, deux magazines qui appartiennent au Miller Publishing Group, reconnaît que les grandes étiquettes n'ont rien à perdre en s'ouvrant à de nouveaux marchés. Il ajoute que les reportages publiés dans les magazines musicaux ont un petit côté « collectionneur de cartes de base-ball » ou « club réservé aux garçons ». Un magazine comme *Vogue* a une portée extraordinaire, et ce n'est pas vraiment le moment idéal pour sortir un magazine comme *Spin*. »

Light fait remarquer que le tirage de *Vogue* est de 1,1 million, alors que *Spin* tire à 525 000 exemplaires. « Ça ne se compare pas, dit un des rédacteurs de *Rolling Stone*, mais au bout du compte, les amateurs de musique resteront fidèles à leurs magazines spécialisés car ils sont assurés d'y trouver un traitement objectif. Les magazines de mode traitent de la musique presque comme le feraient des publicitaires payés par les compagnies de disques. Les gens vont vite s'en lasser. »

Il est indéniable qu'une superstar de la musique pop peut faire grimper les ventes d'un magazine en en faisant la couverture. Depuis le lancement de *Teen People* par Time Warner en janvier 1998, et en faisant exception des numéros dont Leonardo DiCaprio faisait la couverture, les numéros qui se sont le mieux vendus présentaient des musiciens en couverture. Autre exemple : le magazine *Allure* qui choisit Geri Haliwell, la Spice Girl « dissidente », vend 21 000 copies de plus que le numéro où figurait Cindy Crawford. « Ces chiffres en disent long, observe la conseillère mode Liz Darwin, les rédacteurs commencent à se réveiller, ils s'ouvrent à la nouveauté. C'est comme ça pour tous les commerces. S'il y a une façon d'augmenter le chiffre d'affaires, il ne faut pas avoir peur de foncer. Au début, beaucoup pensaient que les lectrices de *Vogue* seraient choquées de voir une Courtney Love en couverture. Or c'est exactement le contraire qui s'est produit. »

Jann Wenner, fondateur et éditeur de *Rolling Stone* ne craint pas que cette nouvelle compétition fasse du tort à son magazine. Il fait remarquer que les amateurs de musique préfèrent des articles bien écrits au flafla qu'on retrouve dans certains magazines de mode. « L'amateur sait qu'il n'y trouvera qu'un traitement superficiel ou du déjà vu, un vrai fan lira d'abord *Rolling Stone*. Et en plus, ici on parle de vedettes féminines qui sont toutes très belles. »

Au début des années 90, les deux industries de la musique et de la mode travaillent régulièrement en collaboration pour les défilés et les vidéos. Le succès de RuPaul intitulé « Supermodel » est en tête du palmarès et dans leurs vidéos, des artistes comme Prince et George Michael font appel à des top models tels que Linda Evangelista et Naomi Campbell. Aujourd'hui, la situation n'est plus la même car les deux industries sont concurrentes, chacune essayant de tirer le profit maximum des grandes étiquettes. Conor Kennedy, agent pour la Company Models se demande avec une certaine inquiétude si le fait de remplacer ainsi les top models par des célébrités ne risque pas d'éliminer toute une nouvelle génération de mannequins. « C'est très frustrant à l'heure actuelle. Si les magazines font de tels efforts pour mettre et remettre en vedette Gwyneth Paltrow, qu'arrivera-t-il à la prochaine génération des Linda Evangelista? C'est une génération qui ne pourra pas se réaliser. » Une rédactrice du magazine *Conde Nast* déclare au journaliste Alex Kuczynski qu'elle n'a aucune sympathie pour les top models, et qu'elle en a « marre de leur comportement ». Elle les décrit comme des enfants gâtées, et ajoute que les vedettes de cinéma sont beaucoup moins difficiles. C'est que les studios sont principalement intéressés à avoir la publicité gratuite pour faire la promotion de leur nouveau film ou de leur nouvel album. »

« Il est beaucoup plus facile de faire affaire avec une vedette de cinéma ou un chanteur pop, confie un rédacteur de *Vogue*, en général, ils font les photos gratuitement ou pour un prix minime parce qu'ils veulent la publicité gratuite pour lancer leur nouveau projet. Mais avec un top model, la plupart du temps, c'est très déplaisant. Les filles demandent des cachets exorbitants, exigent qu'on les traite comme si elles étaient la Reine d'Angleterre, et la moitié du temps elles sont complètement gelées... »

Alors que les propriétaires de magazines de mode rapportent qu'entre 1997 et 1999 les couvertures mettant en vedette des célébrités comptent parmi leurs meilleures ventes, les chiffres de l'*Audit Bureau of Circulation* semblent révéler autre chose. Les ventes en kiosque du magazine *Allure* ont chuté pendant cette période et les couvertures qui mettent en vedette des célébrités ont rapporté des ventes médiocres. Une couverture de mars 1998, où l'on peut voir Jennifer Aniston, a fait 257 047 copies, soit légèrement plus que la moyenne du magazine sur six mois qui est de 242 244. *Vogue*, par contre, réalise des profits en utilisant des célébrités. La rédactrice de *Vogue*, Anna Wintour, dit que faire appel à Oprah Winfrey et Hilary Clinton a rapporté gros. Elle constate que les top models d'aujourd'hui n'exercent plus la même attirance sur le public et les media qu'il y a dix ans.
« C'était des célébrités pourchassées par les

paparazzi. Chacun voulait savoir ce qu'elles prenaient au petit-déjeuner et avec qui elles sortaient ». Wintour ajoute que les ventes en kiosque ont alors atteint les 500 000 copies. Ainsi, les Spice Girls et des actrices comme Sandra Bullock, Elizabeth Hurley et Renee Zellwegger, ont vendu beaucoup plus que les mannequins choisis par *Vogue*, comme la blonde Carolyn Murphy. « Le problème, selon le chroniqueur de spectacles Keith Brown, ce n'est pas que les célébrités deviennent plus attirantes pour la mode mais qu'on soit en pénurie de nouveaux mannequins qui aient le charme d'une Naomi Campbell ou d'une Claudia Schiffer. » Il ajoute : « L'industrie de la mode est devenue très ennuyante. Tant qu'on ne trouvera pas de nouveaux visages, on verra des célébrités faire les pages couvertures. Franchement, je trouve ça fâcheux parce qu'il faut bien admettre qu'une Calista Flockhart est loin d'avoir la même allure ou le même air exotique que des filles comme Kate Moss ou Karen Mulder. »

Linda Evangelista s'en prend aux media. Elle dit qu'ils ont mis beaucoup trop de pression sur les mannequins d'aujourd'hui et que leurs attentes sont trop élevées. D'ailleurs ce sont eux qui ont inventé l'expression « top models ». Mais Evangelista ne craint pas d'être un jour remplacée par des célébrités. C'est une tendance qui se fait sentir surtout dans les magazines des États-Unis, pas dans les magazines européens, australiens et asiatiques : Evangelista a fait la couverture du Vogue allemand et britannique de janvier 99. « Elle a raison, dit un journaliste de mode européen, Étienne Dury, les Américains lancent de nouvelles modes qui meurent très vite. Remplacer les top models par des célébrités, c'est un peu comme remplacer des joueurs de football par des célébrités.

Qui fera la couverture?

Ça n'a pas de sens, ils ne sont pas interchangeables. »

Il n'empêche que dans l'industrie, beaucoup prennent la menace au sérieux. L'agence Wilhelmina International Modeling fait un chiffre d'affaires brut de 40 millions de dollars par an. Pour contrer la nouvelle tendance, Wilhelmina s'associe en 1998 à Atlantic Records, une importante compagnie de disques qui appartient à Time Warner Inc. Dieter Esch, propriétaire de Wilhelmina estime qu'il s'agit là d'une décision d'affaires nécessaire. L'adolescente Brandy, révélation de la musique pop, a signé un contrat de plusieurs millions de dollars pour devenir la nouvelle porte-parole des produits de maquillage Cover Girl. « Nous créons des occasions nouvelles, déclare Esch, les célébrités ont toujours été une partie intégrante de l'industrie de la mode. Le public adore voir ce qu'elles portent. »

Le célèbre photographe de mode Sante D'Orazio déclare que prendre des photos de célébrités donne un nouveau souffle à la profession. Selon lui, la fin des années 90 marque le déclin des top models. « J'ai passé cinq années difficiles ici, déclare D'Orazio, c'était la fin de la séduction. Et moi je refuse de travailler comme ça, sans beauté, avec des filles déprimées qui ont toujours l'air gelées. Je me suis mis à photographier des célébrités parce qu'elles voulaient avoir l'air séduisant. Et j'ai fait ressembler ces vedettes de cinéma aux anciens top models. »

La consultante Eve Beaulieu ne croit pas quant à elle que l'ère des top models soit révolue. Elle ne peut cacher son excitation quand elle parle de l'avenir des top models pour le nouveau millénaire. « Ceux qui prétendent que les top models sont une chose du passé ne savent absolument pas de quoi ils parlent. Si on regarde l'histoire des mannequins, on s'aperçoit qu'il y a toujours eu une courte période de grâce au moment où les mannequins s'éclipsent. À la fin des années 60, bien après que Twiggy ait fait sa marque, l'industrie fonctionne au ralenti et les mannequins ont moins de travail. Les années passent, les affaires reprennent et on voit apparaître de nouveaux mannequins. Cheryl Tiegs est en tête de liste. L'industrie des top models est un peu au point mort en ce moment mais il ne fait aucun doute que dans quelques années Claudia et Naomi seront depuis longtemps oubliées et qu'on verra émerger une nouvelle génération de jeunes beautés. »

Selon le mannequin Marc Brennan, il faut simplement attendre que l'agitation cesse. Il insiste sur le fait que tout rentrera dans l'ordre lorsqu'un agent découvrira le prochain top model errant dans une rue, quelque part dans un coin du monde. « Ça peut être n'importe où, à St-Louis ou à Ste-Lucie et si vous tombez dans l'oeil d'un agent, il y a de fortes chances pour qu'on vous offre un contrat. En ce moment, on a besoin de nouveaux visages. Personne n'a encore détrôné l'élite dont font partie les Cindy Crawford ou les Naomi Campbell. Mais cela prend du temps. Les mannequins connaissent des bas, à l'instar des acteurs et des musiciens, puis les affaires prennent un nouvel essor. Les gens qui achètent des magazines de mode attendent avec impatience que la prochaine ère de top models fasse son apparition. »

Le sociologue britannique Alvin Bailey s'en prend aux couturiers pour expliquer le déclin récent des top models. Il dit que les couturiers réagissent trop rapidement en engageant des acteurs et des musiciens. « C'est ridicule. Quand Calvin Klein prédit la fin des top models, il se peut qu'il parle de sa propre situation. Il est dans le métier depuis tellement longtemps qu'il est peut-être à bout de souffle. Notre société a l'obsession de la séduction. On achète des magazines de mode et des vêtements griffés. Mais avant de les acheter, on aime voir de magnifiques mannequins les porter parce qu'on veut croire que l'on finira par leur ressembler. J'ai reçu bien des adolescents, garçons et filles, en thérapie, déprimés à cause de leur apparence. Dans 80 % des cas, ils avouent qu'ils veulent ressembler aux top models comme Claudia Schiffer ou Tyson. C'est désolant de vouloir à ce point ressembler à quelqu'un d'autre au lieu de construire et d'affirmer son identité. À qui la faute? C'est une bonne question, parce que la situation devient de plus en plus incontrôlable. Les gens qui dirigent l'industrie de la mode s'en moquent. Ce n'est pas parce que deux ou trois couturiers ont décrété que l'ère des top models était révolue que du coup les choses vont ralentir. Si cela a eu un effet, c'est de créer des ouvertures. À présent, en plus des agents qui se font concurrence pour décrocher des contrats à leurs mannequins, il y a aussi des agents pour acteurs, musiciens, et autres groupes célèbres. Je ne pense pas que cela contraigne les bons mannequins à quémander du travail. Je pense que cela crée toutes sortes d'occasions et que les couturiers et ceux qui dirigent cette industrie doubleront leur chiffre d'affaires. »

Chapitre 4
DE HEARST À FORD

L'extravagance de l'industrie des mannequins telle qu'on la connaît aujourd'hui est née des rêves grandioses du baron de l'édition, William Randolph Hearst. C'est au tournant du siècle, lorsqu'une photographe de Chicago du nom de Beatrice Tonneson commence à engager des mannequins femmes pour les publicités, qu'est créé le style luxuriant de cette industrie. De Meyer est le premier photographe de mode engagé à plein temps par *Vogue* à New York en 1913. Ses honoraires dépassent les 100 $ par semaine, soit l'équivalent de 10 000 $ actuels. Cette même année, William Randolph Hearst fait l'acquisition de *Bazar* (qui deviendra *Bazaar* avec deux « a » quinze ans plus tard). Il commence par débaucher De Meyer auquel il offre le double de son ancien salaire et lui promet beaucoup de travail à Paris et en Europe. « Tout le monde a envie de voir des femmes et des hommes séduisants présenter des vêtements, déclare Hearst, la demande est très forte et il y a de la place pour toutes sortes de magazines. Moi je veux que *Bazar* devienne le numéro un et mette en vedette les plus beaux mannequins, et pour cela, je suis prêt à payer le prix qu'il faudra. » Hearst tient parole. Personne n'est en mesure de lui faire concurrence avec les salaires faramineux qu'il offre à ses mannequins. C'est d'ailleurs de cette époque que date la rivalité, encore vivante aujourd'hui, entre *Vogue* et *Bazaar*.

Depuis le tout début, le monde des mannequins est ravagé par la drogue et l'alcool. Rose Gordon, aujourd'hui âgée de 91 ans, a été mannequin dans les années 20. Elle se souvient que plusieurs de ses collègues prenaient de l'opium ou de la cocaïne et que, comme c'est le cas de nos jours, elle était en général saoûle pendant les séances photos ou lorsqu'elle présentait les modèles. « Il se passait des choses incroyables, et si vous trouvez que la situation est difficile aujourd'hui, je dirais qu'elle l'était autant alors, mais d'une manière peut-être plus subtile. Nous étions toujours sous l'effet des drogues ou de l'alcool avant un défilé. Les hommes qui s'occupaient de nous savaient ce qu'ils faisaient : ils tenaient beaucoup à ce que nous soyions dans un esprit de fête, parce qu'ils voulaient que nous couchions avec eux une fois le défilé terminé. Je connaissais beaucoup de filles qui couchaient avec des types pour de l'argent. On n'avait pas vraiment le choix. Nous ne gagnions pas à l'époque ce que gagnent les top models. La seule différence avec aujourd'hui, c'est que nous ne nous piquions pas. Je vais encore à des défilés de mode quand j'en ai l'occasion et je trouve ça effrayant que la plupart des mannequins soient bourrés d'héroïne. »

Hier comme aujourd'hui, le milieu de la mode a connu ses histoires d'horreur, ses suicides et ses victimes d'overdose. Les mannequins d'antan souffraient comme ceux d'aujourd'hui de la même insécurité et de la même vulnérabilité. De Meyer, le premier photographe de mode de l'histoire est devenu cocaïnomane après avoir été congédié de chez *Bazaar* en 1932. Il est devenu junkie et a vécu comme un clochard dans les rues de New York et de Los Angeles avant de s'éteindre en 1949.

Dans les années 30, Anita Miller est un jeune mannequin new-yorkais. On la voit souvent dans les pages de *Vogue* et on s'accorde pour dire que cette superbe brune est un des mannequins les plus marquants de son époque, jusqu'à sa mort tragique en 1939. Un jour, l'agent de Miller est contacté par un homme du nom de Joey Galluci qui demande à lui être présenté. Galluci verse à l'agent la somme de 300 $ en liquide pour qu'il organise le rendez-vous. Ce que l'agent ignore, c'est que Galluci baigne dans le monde de la pègre et qu'il a fait de la prison. Le soir du rendez-vous, Miller et Galluci vont au restaurant et tout se passe bien jusqu'à ce qu'il se mette à insister de plus en plus lourdement pour qu'elle aille chez lui. Comme elle refuse, il la fait boire dans l'espoir qu'elle changera d'avis. Elle finit par accepter. Galluci qui n'a cessé de boire lui aussi est ivre lorsqu'il prend le volant de sa Ford. Il est 2 heures 30 du matin. En roulant en direction de Upper West Side où se trouve son appartement, la Ford entre en collision frontale avec un camion. Galluci et Miller, âgée de 20 ans, sont tués sur le coup. « Aussi loin que je me souvienne, les mannequins ont toujours gagné de l'argent en faisant des extras mais la plupart du temps c'est risqué et assez sordide, déclare l'ancien mannequin Rose Gordon, ce qu'on croit être une occasion peut facilement se retourner contre vous et tourner en tragédie. »

Le premier défilé de mode attesté remonte à 1914, lors d'une exposition tenue à Chicago. C'est en effet la première fois qu'on construit une rampe afin de permettre au public de mieux voir les modèles présentés, en les mettant ainsi en valeur. Couturiers et magazines commencent à publier des annonces pour recruter de jeunes mannequins. Les rédacteurs de *Vogue* n'en reviennent pas : des centaines de filles répondent à l'appel. Beaucoup sont refusées mais celles qui sont choisies touchent plus d'argent que partout ailleurs. « Dans ce temps-là, on faisait des merveilles avec un dollar », dit Eli Anderson, âgée de 89 ans dont le père Max possédait une boutique de vêtements à New York.

Top Models

Elle poursuit : « On choisit des filles dans la rue. L'industrie est en plein essor et le travail ne manque pas. Bien sûr, ce nouveau milieu attire aussi son lot de gens sans scrupules, mais dans l'ensemble, c'est un travail plus distingué et plus honnête qu'aujourd'hui. De nos jours il y a énormément d'escrocs qui se fichent bien du produit qu'ils lancent. Ce qui compte pour eux c'est d'amasser un maximum d'argent en économisant un maximum sur le produit. Quant aux mannequins, ce sont des filles gâtées et prétentieuses. À la belle époque, c'était les créations qui avaient la vedette et les filles qui présentaient les modèles avaient la tête sur les épaules. Elles n'avaient pas l'attitude arrogante d'une Naomi Campbell. L'atmosphère était beaucoup plus agréable. »

À l'approche de la Crise de 1929, l'industrie du vêtement est durement touchée mais cela n'empêche pas les mannequins d'avoir du travail, ni les magazines de se vendre mieux que jamais. C'est que le public a envie de voir des hommes et des femmes séduisants pour mettre un peu de rêve et de gaieté dans leur vie. John Powers disait à l'époque : « La plupart des commerces ont été durement touchés par la Crise mais celui de la mode continue sur sa lancée. Les mannequins n'ont jamais été autant en demande. La mode est une industrie qui ne peut pas mourir. »

Les seuls mannequins qui souffrent de la Crise sont probablement ceux qui refusent d'accorder leurs faveurs... À l'époque, une femme mannequin doit faire ce que son agent lui demande. « Il y a vraiment eu une période à la fin des années 20 et 30 où l'argent décidait de tout », déclare John Powers, un historien spécialisé en culture populaire. Il précise : « Les agents exigeaient que les filles sortent avec des acteurs et des athlètes célèbres à cause de la publicité que ça leur rapportait. Et les filles devaient tout accepter. C'était le rêve pour un agent de voir une de ses filles sortir avec quelqu'un de connu parce qu'il était assuré que la presse en parlerait, et plus la presse en parlait, plus ça faisait monter sa cote. »

La plupart des filles qui refusent voient leur carrière ruinée. Aussitôt mises à l'index, elles ne peuvent plus travailler. « Ceux qui dirigent l'industrie des mannequins forment un cercle très fermé. Dès qu'une fille refuse de coopérer, le mot d'ordre est de ne plus l'engager. N'oubliez pas que c'est la Crise, les hommes se font rejeter par les patrons, alors ils n'ont pas envie de se faire aussi rejeter par une femme. Celles qui jouent le jeu sont "récompensées". Les hommes dépensent beaucoup d'argent pour se distraire. Ils veulent faire la fête avec toutes ces belles filles pour oublier leurs problèmes », ajoute Jack Norman.

C'est à New York, sur Park Avenue, que John Powers ouvre la première agence de mannequins. On le considère comme le père de la profession. Il ne leur donne pas le nom de mannequins, il les appelle ses « belles Américaines élancées » pour les différencier des starlettes du cinéma et du théâtre. « Les hommes célèbres voulaient tous sortir avec un mannequin de Powers, se rappelle l'historien Jacob Hamlich, c'était de loin les femmes les plus belles et les plus séduisantes du monde. Les mannequins d'aujourd'hui ne sont rien comparés aux mannequins de l'agence Powers. Toutes ces « beautés élancées » étaient américaines et elles avaient du charme, de la classe, de l'allure. Elles étaient pétulantes, superbes. Bref, elles n'avaient rien à voir avec les mannequins d'aujourd'hui qui ont l'air défoncées à l'héroïne. »

Les célibataires les plus célèbres du monde feuillettent fiévreusement le catalogue Powers pour y trouver la perle rare, un peu comme les acteurs et les vedettes rock actuels parcourent les catalogues d'Elite ou de Storm. Est-il besoin de rappeler que Marshall Hemingway, Frank Sinatra et Howard Hughes ont tous épousé des mannequins de l'agence Powers ? Le catalogue comprend les noms d'Anita Colby, Ava Gardner, Rosalind Russell et Lauren Bacall. Powers est également l'agent de plusieurs mannequins hommes qui sont devenus des vedettes de cinéma, tels Henry Fonda et Tyrone Power. Mais il est indéniable que ce sont ses mannequins féminins qui ont changé la face de la mode.

« Sans John Powers, le phénomène des top models tel que nous le connaissons aujourd'hui n'existerait probablement pas », déclare l'ancien mannequin des années 30 Rhona Bonder. « Il a ouvert la voie et très vite on le copie. D'autres agences voient le jour. Tous les magazines importants ont des mannequins en couverture et les jeunes filles rêvent toutes de devenir mannequins. Et puis des filles qui gagnent habituellement quarante dollars par semaine peuvent en gagner cent du jour au lendemain. C'est beaucoup d'argent pour l'époque. »

L'ouverture de nouvelles agences à travers l'Amérique du Nord et en Europe est bien accueillie, particulièrement par les photographes de mode. Des magazines comme *Vogue* et *Harper's Bazaar* ouvrent des succursales et commencent à se faire connaître sur les marchés européens. Lisa Fonssagrives, une danseuse classique originaire d'Uddevalla en Suède, est découverte alors qu'elle monte dans un ascenseur. C'est le célèbre photographe de *Vogue* Horst P. Horst qui prend les photos et qui déclare qu'elle est le meilleur mannequin qu'il ait jamais photographié. Fonssagrives se fait connaître pour son intrépidité et met à profit ses talents de danseuse et d'athlète.

C'est ainsi qu'Erwin Blumenfeld la photographie suspendue à la Tour Eiffel et que le célèbre photographe français Jean Moral l'immortalise en train de sauter en parachute. Elle est l'enfant gâtée de l'industrie et la préférée des photographes. « C'était le meilleur mannequin du monde, se souvient Alice Robert, ancien mannequin des années 30 qui la connaissait bien, c'est la première à avoir donné ses lettres de noblesse à la profession. Elle avait une vision tout à fait unique et n'a pas été remplacée. Comparés à elle, les mannequins d'aujourd'hui sont des filles bien ennuyantes. Si elles devaient travailler comme Lisa le faisait, elles feraient fortune. Combien de gens ont le courage de poser suspendus à la Tour Eiffel? »

Fonssagrives pose nue à plusieurs reprises pour Horst P. Horst et encore aujourd'hui ces photographies sont considérées comme des références artistiques. « Lisa était une vraie femme de la Renaissance. Les photos d'elle font penser à des peintures classiques. Les jeunes mannequins devraient étudier la carrière qu'elle a eue. Elles prendraient conscience que pour Lisa c'était un art et que l'apparence n'est au fond qu'un détail. Lisa a montré au monde entier à quel point il était important de mettre sa beauté au service de la photographie. »

Dans les années 40, des agences de mannequins copient l'agence Powers et commencent à lui faire concurrence. L'agence Ford voit le jour en 1946 dans l'appartement new-yorkais de Eileen et Jerry Ford. Eileen Ford passe pour être une sorte de marraine et n'a aucune difficulté à attirer les mannequins les plus connus grâce à son approche humaine et maternelle. Avec Eileen, les mannequins se sentent en sécurité et à l'abri des agents malhonnêtes et abuseurs. Lauren Hutton, Christie Brinkley et Jerry Hall ont toutes été des top models de l'agence Ford.

Les grands magazines français et européens doivent se contenter de mannequins de seconde classe. Leigh promet de leur fournir de superbes top models américains. Alice Robert explique : « Avant Dorian Leigh, les top models américains ne venaient pas en Europe. On peut dire qu'elle a innové, ce qui, soit dit en passant, lui vaut beaucoup d'ennuis avec la police qui la soupçonne de diriger une affaire de prostitution clandestine. Quand la police la laisse enfin tranquille, Dorian commence à faire sa marque dans l'industrie de la mode. »

Pendant ce temps, au début des années 50, John Powers est au bord de la crise. La compétition l'a obligé à fermer son agence. En 1952, on le retrouve à Beverly Hills. Avant sa mort en 1977, Powers confie à un journaliste à quel point il est indigné que les nouveaux agents lui aient volé sa formule magique. « J'ai travaillé très dur à cette formule et dès que la mise en place a été faite, des dizaines de gens sont venus me voler mon idée. Lorsque j'ai commencé dans ce métier, c'était très agréable et nous gagnions tous un peu d'argent.. Mais après l'ouverture de toutes ces agences, c'est devenu un monde hostile, une jungle. Ça ne m'amusait plus et c'est à ce moment-là que j'ai décidé de partir .»

Les Ford et Dorian Leigh deviennent partenaires en Europe, ce qui a pour résultat de faire monter en flèche le revenu brut des mannequins en 1958. Le top model moyen gagnait entre 3 000 et 4 000 $ par semaine. On reconnaît que c'est grâce aux Ford que ce boom a eu lieu. Alice Robert explique : « Avant eux, il était rare qu'un mannequin ait du travail en Europe. Ils en ont fait une pratique courante. Avec l'agence Ford, les mannequins étaient assurés d'avoir du travail. J'en ai connu certains qui se plaignaient de ne pas être assez payés pour tout le travail qu'on leur demandait. Mais c'est une des réalités de ce commerce. Les agents trouvent toujours le moyen d'augmenter leur commission. »

Un des avantages d'être mannequin chez Ford est de connaître sa fondatrice, Eileen, une charmante femme du monde qui adore jouer les marieuses. Elle a pris l'habitude de faire rencontrer des hommes riches à ses mannequins et dans bien des cas, ça marche. « C'est pour ça qu'on lui restait fidèle, dit un ex-mannequin, c'est vrai que l'agence payait moins que les autres, mais vous saviez qu'en restant suffisamment longtemps, vous aviez de bonnes chances d'épouser un millionnaire. »

En 1960, alors qu'on entre dans le *flower power*, on dirait que tout le monde dans l'industrie est devenu fou. On dépense des millions de dollars par an en marketing. De nouveaux couturiers apparaissent du jour au lendemain, tout le monde veut entrer dans le milieu de la mode. Le Beatle John Lennon a décrit un jour cette fureur des années 60 comme un phénomène plus énorme encore que celui de la musique pop. « La musique rejoint beaucoup de gens mais c'est la mode qui dicte les tendances que suivra la société, dit-il, les musiciens portent les dernières créations pour s'affirmer, et certains des vêtements sont absolument incroyables. Si on compare la musique à la mode, je dirais que la mode est plus progressive parce que les créations et les tendances sont en perpétuelle évolution. Dans la musique pop, les sons restent les mêmes et ça peut devenir ennuyeux. La mode n'est jamais ennuyeuse. »

Dans les années 60, un mannequin va révolutionner l'industrie de la mode. Cette petite blonde de 40 kilos est la fille d'un menuisier. Elle a grandi à Neasden, une minuscule banlieue de Londres. Lesley Hornby, alias Twiggy, devient

67

célèbre à travers le monde avec ses cheveux courts
et son   look maigre. Les jeunes filles adoptent sa
coupe de cheveux et font des régimes draconiens
pour ressembler à leur nouvelle idole.

« Twiggy a créé un look jamais vu. Avant elle, la
plupart des mannequins avaient un genre plutôt
classique. Twiggy est au monde des mannequins ce
que les Beatles sont à la musique pop. Elle lance une
nouvelle mode et tout le monde est sous le charme.
La première fois que je l'ai vue à la télévision, je me
suis dit que c'était une blague. On aurait dit une
anorexique! », se souvient le journaliste britannique
Martin Smith.

Son agent et amant de longue date Justin de
Villeneuve organise une énorme tournée
promotionnelle à travers les États-Unis. Partout où
elle va, Twiggy est adulée comme une star rock. Le
public américain est fou d'elle. On l'arrêtent dans la
rue pour lui demander un autographe. Ses
apparitions publiques remplissent les salles
d'admirateurs. En 1967, le magazine *Newsweek* qui
publie une entrevue avec Twiggy est bientôt suivi
par le reste des media. Le *New Yorker* publie un
article de cent pages sur le voyage de Twiggy aux
États-Unis. « C'est un phénomène inédit dans le
milieu de la mode. La popularité de Twiggy est
incroyable et la mode actuelle de « l'heroin chic »
n'est pas une invention des années 90. Twiggy est
l'une des premières à lancer ce look total, déclare
l'auteur Esmond Choueke. Il ajoute : « Bien sûr, il y
a eu des mannequins célèbres avant elle mais
personne n'a la force d'attraction de Twiggy. Les
gens en sont complètement fous. »

Son règne est de courte durée. À 20 ans, Twiggy
décide de se retirer. Elle est exténuée. Elle a perdu la
foi dans sa profession à cause des mauvais
traitements que subissent les filles. Elle n'aime pas
non plus la façon dont de Villeneuve la traite. Ce

dernier, qui prétend avoir eu des relations sexuelles avec Twiggy alors qu'elle n'avait que 15 ans, commet de nombreuses infidélités au cours des cinq années que dure leur relation pour le moins houleuse. De Villeneuve s'est fait une réputation de play-boy et il se sert de Twiggy pour séduire de jeunes mannequins.

« La conduite de Justin lui a brisé le cœur et a mis fin à sa carrière, dit un couturier britannique qui a connu Twiggy dans les années 60, Twiggy etait très amoureuse de Justin et tente de dissiper les bruits qui courent. Mais à deux ou trois occasions, elle l'a surpris en train de peloter des filles. Ça l'a vraiment blessée et ça l'a écoeurée du milieu. C'est à cause de ça qu'elle a arrêté si jeune. »

Un autre mannequin qui fait son apparition dans les années 60 est Veruschka, une Allemande élancée et dégingandée. Sa collaboration avec l'artiste allemand Holger Trulzsch est légendaire. Trulzsch peint toutes sortes de dessins fous sur le corps longiligne de la blonde Veruschka qui devient le mannequin dont l'allure et le physique se démarquent radicalement de tout ce qu'on a vu avant. Elle connaît un succès sans précédent auprès des jeunes artistes et intellectuels de l'époque. Considérée comme l'une des femmes les plus photographiées du monde, elle bat tous les records : aucun mannequin n'a fait plus de couvertures de magazines qu'elle. Lorsqu'elle quitte la profession au début des années 70, Veruschka a fait onze fois la couverture de *Vogue*.

« Veruschka est unique. C'est le mannequin le plus original que j'aie jamais rencontré », déclare l'ancien mannequin parisien Estelle Bergeron. Elle précise : « Elle a une présence hypnotique et c'est une artiste dans tous les sens du terme. Elle se fiche éperdument qu'on n'aime pas son travail. Elle est unique en son genre. »

Veruschka confie que si elle n'avait pas pu s'exprimer esthétiquement elle n'aurait pas duré comme mannequin. « Pour moi le métier de mannequin est une extension du théâtre. J'adore être sur scène en costume. J'aime m'exprimer. Si j'avais dû me contenter de présenter de jolis vêtements, je me serais très vite lassée. J'ai toujours été fascinée par toutes les possibilités qu'un mannequin peut explorer. Ça allait bien au-delà des bénéfices financiers, ça m'a beaucoup apporté sur le plan artistique et spirituel. »

Dans les années 70, les agences de mannequins sont en plein essor. Elite, dont John Casablancas est le fondateur, devient rapidement et demeure encore aujourd'hui l'agence la plus importante et la plus influente du monde. Dans ces années-là, plusieurs agences voient le jour dont celle de l'ancienne cover-girl Wilhelmina. Mais c'est Elite qui a le produit vedette. Casablancas, qui est le fils d'une riche famille de réfugiés espagnols, a l'idée de lancer sa propre agence après avoir fréquenté plusieurs mannequins. « Je ne suis pas entré dans la profession pour séduire des filles mais parce que j'ai réalisé à quel point la plupart des agents étaient médiocres et profiteurs. J'ai fait beaucoup de recherche avant d'ouvrir mon agence. Mon but était de découvrir de belles filles et de les lancer sur le marché. Ça ne sert à rien d'avoir des mannequins superbes si vous ratez votre mise en marché. La mise en marché, c'est la clé. Il faut vous faire écouter. »

Mais avant d'ouvrir Elite, Casablancas est confronté à plusieurs problèmes. Joueur compulsif, il doit encore beaucoup d'argent à sa seconde femme, le mannequin danois Jeanette Christjansen. À une époque, il est tellement fauché qu'il ne peut même pas verser un acompte pour louer un bureau. On raconte des histoires troublantes sur lui, comme par exemple comment il entraîne les filles qu'il recrute dans la drogue, le sexe et l'alcool. Partout où il va, le scandale le suit. L'agence n'a pas encore fêté son premier anniversaire que déjà deux de ses mannequins sont décédés.

La première est Paula Brenken. Un soir, après avoir fait la fête, Brenken, ivre, se jette par la fenêtre et se tue. Les circonstances qui entourent l'affaire n'ont toujours pas été élucidées. Plusieurs personnes qui la connaissent bien disent qu'elle était devenue alcoolique et toxicomane et qu'elle souffrait de dépression chronique depuis que Casablancas l'avait recrutée pour Elite. Un de ses amis intimes déclare : « On n'a jamais su ce qui s'était vraiment passé, on a étouffé l'affaire. Je crois qu'on a acheté le silence de la police. Je ne vois pas d'autre explication. »

La deuxième victime est Emanuelle Dano. Casablancas la trouve morte un matin dans son appartement. Il est venu lui confirmer un engagement. Dano a la réputation d'être une fêtarde. Elle consomme énormément de drogues et d'alcool. Quand la tragédie se produit, elle a fêté toute la nuit avec des amis. Quand ils la raccompagnent, les choses tournent mal. Deux des hommes essaient de la violer dans la voiture. Selon Casablancas, Dano est molestée et tombe alors qu'elle tente d'échapper à ses assaillants. Elle meurt sur le coup, on la transporte dans sa chambre et on l'allonge sur son lit. Casablancas insiste sur le fait qu'il s'agit d'un accident et non d'une tentative de meurtre. Il dit qu'il sait qui était avec Dano cette nuit-là mais refuse de donner des noms.

Selon un ancien mannequin d'Elite, on n'a pas enquêté correctement sur la mort de Dano. Le mannequin, qui préfère garder l'anonymat pour sa propre sécurité, dit que la police n'a pas fait son travail et que le rôle de Casablancas dans cette affaire est suspect. « Je n'arrive pas à croire que c'est Casablancas qui a découvert le corps. Je sais qu'il voulait étouffer l'affaire, pour éviter la publicité. Je ne dis absolument pas qu'il est impliqué, mais il est évident qu'il y a quelque chose de louche. Comment se fait-il qu'on n'ait pas porté plainte? Emanuelle Dano était une fille adorable. Je l'ai rencontrée à ses débuts et je suis convaincue que si elle n'avait pas fait ce métier, elle serait encore en vie. Elle s'est trouvée impliquée avec des gens minables, comme tant d'autres jeunes mannequins décédés avant elle. »

Casablancas est un génie du marketing. Il réussit le tour de force de tirer profit de la tragédie. L'agence Elite est entourée d'une mystique de séduction tout à fait unique et tout le monde dans le milieu, media et public compris, est fasciné par tout ce qui touche l'agence de Casablancas. Ce dernier fait les manchettes partout où il va, on le remarque dans des discothèques en compagnie de jeunes mannequins à Paris et à New York. De nombreux mannequins prétendent d'ailleurs avoir couché avec lui, ce qui renforce encore son image de play-boy menant la grande vie. « Dans les années 70, Casablancas renverse littéralement le monde des mannequins. Il attire plus de publicité que n'importe quel agent avant lui. Il mène une vie trépidante qui fascine les media. Partout où il va et quoi qu'il fasse, la presse en parle. Côté publicité, il bat tous les records et des compagnies qui investissent des millions de dollars ne lui arrivent pas à la cheville », se souvient le Français Daniel Hétu, un découvreur de talents.

Le succès de Casablancas déclenche ce qu'on appelle « une guerre des mannequins » entre Elite et Ford. Avec l'immense succès du film « Saturday

Night Fever », l'industrie de la mode tire profit du look disco. En mai 1977, Eileen Ford intente un procès de 7,5 millions de dollars contre Casablancas, l'accusant d'avoir violé la « confiance fiduciaire » que selon elle Casablancas s'est engagé à respecter. Apparemment, Casablancas et Ford se sont entendus verbalement pour qu'Elite reste à Paris et n'empiète pas sur le terrain de Ford à New York. Mais en mai 1977, Casablancas ouvre une agence à Manhattan et recrute l'ancien top model de Wilhelmina, Maarit Halinen comme premier mannequin d'Elite New York. Les hostilités sont ouvertes.

Cet été-là à New York, la guerre des mannequins fait les manchettes. En juillet, Anthony Haden-Guest, journaliste qui écrit dans les magazines et qui connaît bien le milieu publie un des articles les plus controversés sur le commerce des mannequins intitulé : « Les guerres des mannequins ». Lors d'une entrevue qu'il accorde en mai 1998, Haden-Guest se souvient de l'atmosphère qui régnait cet été-là. « La situation était explosive. Casablancas et Ford étaient à couteaux tirés. Tous deux briguaient la première place et la seule façon d'y arriver était de se débarrasser du concurrent. »

Dans son article, Haden-Guest décrit la folie qui règne dans ce milieu ainsi qu'une journée type à l'agence Elite. La cover-girl Janice Dickenson confie à Haden-Guest qu'elle aime se promener toute nue dans les bureaux de l'agence et que travailler pour Casablancas frise la démence. Haden-Guest cite plusieurs personnes qui disent des choses très négatives sur Casablancas, certaines l'accusant même d'être un vulgaire maquereau. Les critiques glissent sur Casablancas comme l'eau sur les plumes d'un canard. En fait, il adore ça. « Il s'en fiche pas mal de ce que les media racontent sur son compte tant et aussi longtemps qu'on épelle son nom correctement », dit le critique de spectacles Thomas Mann, il sait comment embobiner les media et il est passé maître dans l'art de transformer en or la publicité bonne ou mauvaise, sans que ça lui coûte un sou. Les journalistes le suivent à la trace et rendent compte de ses moindres faits et gestes. Une vraie star d'Hollywood! »

Tout le cirque que fait Casablancas met Wilhelmina hors d'elle et comme Ford, elle engage des poursuites de plusieurs millions de dollars contre lui. Wilhelmina et Ford complotent pour se débarrasser de Casablancas. Elles se servent des poursuites judiciaires pour le discréditer dans la presse et menacent de poursuivre en justice d'autres personnes de l'industrie. Mais leur plan échoue et se retourne contre elles. La presse est entichée de Casablancas et lui fait plus de publicité qu'à n'importe qui d'autre dans l'industrie de la mode. La légende Casablancas fait le tour du monde et chaque jeune mannequin rêve de travailler pour Elite. « Sans le vouloir, Eileen Ford aura été son meilleur agent de publicité, déclare un directeur de *Vogue*, si elle n'avait pas insisté, Elite ne serait probablement pas devenue ce qu'elle est. En étant toujours après lui, Ford et Wilhelmina en ont fait une véritable célébrité. »

Des changements tout aussi radicaux se produisent au cours des années 80. Elite et Ford ouvrent des bureaux partout dans le monde. Plusieurs grandes agences indépendantes voient le jour et la compétition est féroce. Mais la compétition multiplie aussi les occasions. Les compagnies de produits de beauté et de vêtements rivalisent pour avoir les nouveaux visages vedettes qui annonceront leur produit sur les panneaux d'affichage et dans les magazines. Avec l'émergence des Cindy Crawford, Naomi Campbell et Linda Evangelista, l'ère des top models est née.

« Jusqu'à la moitié des années 80, les mannequins les plus connus ne jouissent pas de la célébrité que connaissent les top models d'aujourd'hui », dit le chroniqueur de mode Jules Bisson. Il ajoute : « Les mannequins comme Christie Brinkley et Cheryl Tiegs étaient très connus pendant les années 70, mais n'ont jamais bénéficié de la couverture publicitaire des mannequins des années 80 et 90. Certains top models comme Kate Moss, Stephanie Seymour et Linda Evangelista sont plus connus que des vedettes de cinéma ou des stars du rock. Elles font les manchettes et on les voit non seulement dans les magazines de mode, mais aussi dans les journaux et tabloïds. La mode des top models explose à l'échelle planétaire. »

Chapitre 5
UNE DURE LEÇON

Lorsque Samantha Ewen fait son premier défilé de mode en 1996 à New York, elle n'arrive pas à croire ce qu'elle voit. Ewen, alors âgée de 17 ans, a trois ans d'expérience à son crédit. Elle a posé pour plusieurs magazines et catalogues de magasins de détail. Soudain, la jeune fille se retrouve à coudoyer plusieurs top models dont Kate Moss, Stephanie Seymour et Niki Taylor. Le premier jour, elle est traitée comme une vraie star. Elle est sidérée. Une masseuse arrive dans sa luxueuse chambre d'hôtel. Au début, la jeune Samantha, interloquée, croit qu'il s'agit d'une erreur. La femme lui dit que non. « C'est pour vous aider à vous détendre avant la séance photos ». Après sa douche, elle prend un petit déjeuner nutritif composé d'oeufs durs, de céréales et de fruits exotiques. Tandis qu'elle se délecte de papaye, de mangue et d'ananas, une spécialiste qui vient de New York lui fait les ongles des pieds et des mains. Ewen se rend ensuite à sa séance photos dans une immense limousine aux sièges en cuir capitonné, qui se faufile dans les embouteillages de la ville. « Je rêve, pense-t-elle, je n'arrive pas à y croire ». Mais le conte de fées tire à sa fin.

Ewen confie qu'elle est pétrifiée de voir les mannequins consommer drogue et alcool quelques minutes avant de monter sur le podium.

« C'était effrayant, se souvient-elle, c'est mon premier gros contrat et j'ai une peur bleue. Je me demande même pourquoi je suis ici, j'ai l'impression d'être une martienne. J'aperçois Kate

Moss dans les coulisses à moitié nue. Je me dis que j'ai une chance inouïe, que bien des gens feraient n'importe quoi pour être à ma place. Vous imaginez! Quelques minutes avant de commencer le défilé, je remarque cinq ou six mannequins amassés dans le coin d'une salle d'essayage en train d'avaler du whisky et de fumer des joints. Je n'en reviens pas. L'une d'elle m'offre du whisky que je refuse poliment. Puis je remarque qu'une des filles a un petit sac rempli de cocaïne. Je la vois faire plusieurs lignes trente secondes à peine avant de monter sur le podium. Je ne comprends rien à ce qui se passe. Je ne sais plus si c'est un défilé de mode ou un party psychédélique. Le défilé commence et une des filles qui est devant moi est tellement gelée que je me prépare à la rattraper tant je suis sûre qu'elle va s'effondrer. C'est un vrai cirque. »

Un mois après ce défilé de New York, Ewen décide de tout abandonner. Son agent new-yorkais n'apprécie pas d'être prévenu au dernier moment. Les choses s'enveniment encore entre eux lorsque Ewen intente des poursuites pour harcèlement sexuel. Elle prétend qu'il l'a caressée lors d'une soirée qui a lieu au Limelight, un club branché de New York. Finalement, Ewen abandonne les poursuites et accepte un règlement dont le montant n'est pas révélé. « C'est la goutte d'eau qui a fait déborder le vase, dit-elle, j'ai su dès le début que mon agent avait des idées derrière la tête et j'ai fait comme si de rien n'était parce qu'il s'occupait bien de ma carrière. Mais cette nuit-là, au Limelight, il a commencé à m'embrasser les seins dans les toilettes et il a aussi essayé de mettre sa main sous ma jupe. Le coup final est quand il a descendu sa braguette et a voulu me forcer à lui faire une fellation. Je suis sortie en courant et je suis rentrée chez moi. Deux ou trois jours plus tard, j'ai porté plainte à la police.

Une dure leçon

Je l'aurais poursuivi mais j'ai obtenu un règlement. J'avoue que j'avais hâte de mettre toute cette histoire derrière moi. J'ai su que le métier de mannequin n'était pas fait pour moi. Je commençais à devenir une vraie loque. Depuis que j'ai quitté ce milieu, je n'ai pas repris de drogues et quand je bois, c'est un verre à l'occasion. »

Le fait de reprendre ses études universitaires en psychologie dans sa ville natale de Denver, au Colorado, la console un peu. Elle dit que son changement de carrière lui a apporté la chance et le bonheur et l'a protégée de certains ennemis qu'elle s'est faits lorsqu'elle était mannequin. « Si j'avais continué, je serais certainement morte à l'heure qu'il est, dit-elle, il y a tellement d'escrocs et d'arnaqueurs dans ce métier! J'ai rencontré des gens bien mais la majorité sont bidons. La plupart des hommes me traitaient davantage comme un objet sexuel que comme une professionnelle dont ils étaient censés s'occuper. J'ai commis l'erreur de coucher avec des hommes que je prenais pour des types bien. En réalité, c'était de vrais salauds. Ils me saoûlaient et m'amenaient dans un hôtel de luxe. Ils me faisaient croire que si je me montrais coopérative, ma carrière décollerait. La plupart étaient des hommes mariés et pères de famille. J'avais de l'ambition et j'étais naïve. Quand j'y repense, je ne m'ennuie vraiment pas de la profession. Je suis beaucoup plus heureuse aujourd'hui et puis j'ai finalement rencontré l'homme de ma vie. »

À en croire un ami mannequin, les gens censés s'occuper de la carrière d'Ewen se sont plutôt servis d'elle. « Je l'ai vu de mes propres yeux lors des séances photos ou des parties, déclare Travis Brown, les gens essayaient de la saoûler pour profiter d'elle. Ça me dégoûtait. Souvent, elle était sans défense parce qu'ils la faisaient chanter. Si elle refusait de fêter avec eux ou de jouer le jeu ils cessaient de lui donner des contrats. C'était comme lui demander de se prostituer pour avoir de vrais contrats de mannequin. Je ne lui ai jamais reproché de coopérer pour la bonne raison que presque tous les mannequins que je connais ont dû passer par là à un moment donné. »

La styliste de mode londonienne Erika Thompson dit qu'il devrait y avoir des règles strictes et un code d'éthique qui assurent la protection des mannequins. Thompson estime que les mannequins ont droit au meilleur traitement. « Elles travaillent tellement fort et la plupart du temps elles subissent plus d'abus qu'autre chose en retour. Au fil des ans, j'ai reçu dans mon bureau tant de mannequins, hommes et femmes, en larmes à cause de la façon dont on les traitait. La seule façon de changer les choses est de punir les abuseurs qui font des choses non seulement illégales, mais immorales et qui s'en tirent généralement indemnes. Il est grand temps de mettre fin à cette situation et de traiter les mannequins avec le respect qui leur est dû. Je connais des filles qui ont travaillé comme prostituées et comme strip-teaseuses et qui sont mieux traitées que certains mannequins avec lesquels j'ai fait affaire. »

Thompson dit qu'elle a consulté plusieurs personnes influentes du milieu pour mettre fin aux abus dont sont constamment victimes les mannequins. Selon elle, beaucoup sont de son avis et admettent que les choses sont devenues incontrôlables, mais elles ont peur de parler. « Les gens se taisent parce qu'ils craignent de se retrouver sur une liste noire ». Elle ajoute : « Je ne peux pas leur en vouloir. Il y a dans ce milieu des gens très puissants qui peuvent ruiner votre carrière s'ils pensent que vous leur cherchez des ennuis. Cela arrive fréquemment. Je peux dire que ça m'est arrivé personnellement parce que je ne suis pas du genre à garder le silence. »

Thompson dit qu'elle a été mise temporairement à l'index à la fin de 1995. Elle avait conseillé à un mannequin noir plein d'avenir de poursuivre son agent en justice pour l'avoir traité de plusieurs noms racistes. La nouvelle se répand vite et plusieurs personnes haut placées cessent de faire affaire avec elle pendant plus d'un an. « Ça m'a fait du tort financièrement et socialement, dit-elle, les gens pensaient que je jouais les fauteurs de troubles. En privé, certains me disaient qu'ils admiraient ce que je faisais mais qu'ils ne voulaient pas parler par peur d'être eux aussi mis à l'index. Personnellement, ça m'est égal de perdre des contrats si ça peut aider un mannequin à ne pas se faire exploiter comme je l'ai été. Je ferais la même chose pour n'importe qui. Personne au monde ne mérite d'être traité de la sorte. »

Chapitre 6
SÉDUITE ET ABANDONNÉE

En juin 1997, Art Davis arrête au Portugal en rentrant du Maroc. Il est dans sa chambre lorsque le directeur de l'hôtel le convoque dans son bureau parce qu'il a reçu un appel téléphonique. Art Davis apprend que sa sœur Patricia vient de mourir d'une overdose d'héroïne. Patricia a commencé à consommer de la drogue à l'âge de quatorze ans, à ses débuts. En entendant la terrible nouvelle, Davis s'effondre. « On aurait pu empêcher sa mort. Nous savions tous que Patti était en danger mais personne n'a bougé pour lui venir en aide. Qu'est-ce que je vais faire? Je ne peux pas continuer sans ma sœur. Beaucoup de gens sont responsables de cette tragédie. »

Patricia Davis compte parmi les centaines de mannequins qui ont perdu la vie ou ont fini dans la misère. Les familles des victimes racontent généralement la même histoire : comment elles ont perdu un être cher à cause de la drogue, de l'alcool, et des relations sexuelles qui prévalent dans le milieu. Patricia Davis s'est fait un nom dans les cercles britanniques lorsqu'un escroc de Soho qui se fait passer pour un agent lui fait signer un contrat. À partir de ce jour, Patricia Davis entre dans un monde de drogue, d'alcool et de prostitution. L'agent de Davis, connu de ses amis sous le nom de « Buster T » ne tient pas les promesses qu'il lui a faites lorsqu'il la découvre un vendredi soir dans une boîte branchée du South London, The Fridge. Buster T lui ment en prétendant être sorti avec Kate Moss. Il promet à Davis d'en faire une star si elle le laisse s'occuper de sa carrière. Davis qui n'a que treize ans à l'époque ne se méfie pas de Buster T, un noir de 1 m 90 qui n'a pas trente ans. Ce que Davis ignore, c'est que son nouvel agent a un casier judiciaire et est connu de la police pour escroquer des jeunes filles naïves.

Les onze mois qui suivent sont un tourbillon de sorties sans fin, d'abus sexuel et de drogue. Art Davis insiste sur le fait que sa sœur a été droguée le premier soir où elle a rencontré Buster T et qu'il l'a forcée à avoir des relations sexuelles avec lui. C'est un manipulateur né. Il reconduit Patti à son appartement, lui donne du champagne et la saoûle. Au cours de la soirée, Patti lui confie qu'elle est vierge. Il abuse d'elle, se faisant un devoir de lui faire perdre sa virginité.

L'année suivante, Patricia Davis vit avec Buster T. Les parents de Patricia ne sont pas d'accord et la renient. Pendant ce temps, Buster T ne tient pas ses grandes promesses. Davis n'a aucun contrat et le couple est fauché.

Buster T, dont le bureau est situé sur Wardour Street, dans le quartier minable des prostitués à Londres, convainc Davis que la meilleure façon pour elle de se faire de la publicité est de poser nue. Mais ce qu'il a en tête, c'est de faire faire à Patti un film hard qu'un de ses amis va tourner. Buster T s'assure que Davis ait fait plusieurs lignes de cocaïne et qu'elle se saoûle au champagne avant de la conduire au studio de son ami Dany Wheeler. Wheeler est un homme dans la jeune trentaine, un charmeur à la voix suave qui se teint les cheveux en rouge. Il offre à la jeune fille des plateaux de drogues douces et de la cocaïne pendant qu'il prépare le tournage. Davis n'a jamais été aussi ivre avant de travailler. Quelques minutes avant de commencer, Buster T l'emmène dans une pièce à côté et la « réchauffe » pour la suite. Il fait l'amour avec elle puis il la force à lui faire une fellation. Peu de temps après, Davis pose nue avec un mannequin masculin pendant que la caméra tourne. Lorsqu'il lui fait des avances pour avoir une relation sexuelle, elle ne se défend pas. Elle est trop gelée pour réaliser ce qui se passe. Une heure plus tard, le tournage est terminé. Patricia Davis vient de faire le premier film porno de sa carrière. Elle a gagné 750 livres, son plus gros cachet.

« Il y a tant de tromperie dans ce métier, dit Art Davis, ma sœur est une victime parmi des milliers d'autres. Au moment où elle commence à tourner des films pornos, elle est trop accro pour réaliser ce qui se passe. Buster T est un de ces nombreux types répugnants qui forcent des jeunes femmes à faire des choses dégradantes. Quand ma sœur est morte, j'ai reçu des lettres de gens qui avaient vécu une expérience similaire. Beaucoup accusent les parents de laisser leurs filles faire ce métier trop jeunes. Mais ce n'est pas la faute des parents. C'est la faute de notre système qui est tellement obsédé par l'apparence. On devrait davantage conscientiser les adolescentes du fait que l'instruction est la chose qui compte le plus. Même si on gagne de l'argent par ailleurs, quand on est jeune, il est primordial d'avoir de bonnes bases. »

Patricia Davis fait plus de dix films pornos au cours de l'année qui précède sa mort. Elle a 17 ans quand elle meurt d'une overdose. Selon plusieurs personnes qui la connaissent bien, sa mort était inéluctable. Iona Durst qui est mannequin quelque temps est une amie d'enfance de Patti Davis. « Je l'ai vue environ deux mois avant sa mort, elle semblait frêle et désespérée. Elle était tellement faible, on aurait dit qu'elle n'avait pas mangé correctement depuis des semaines. J'ai bien essayé de lui parler, et comme je m'inquiétais, elle m'a affirmé que tout allait bien. Il était trop tard. Patti vivait en plein défi de la réalité. »

La mort prématurée de Davis oblige plusieurs jeunes filles à réfléchir très sérieusement à leur avenir. Plusieurs mannequins qui connaissent Davis quittent le métier peu de temps après sa mort. « Je m'en allais dans la même direction, déclare Alicia Moore, un mannequin adolescent, je sortais tous les soirs avec des hommes qui avaient l'âge de mon père et je me retrouvais à consommer beaucoup de drogue avec eux. La goutte d'eau qui a fait déborder le vase c'est un soir après une fête privée où je me suis retrouvée avec deux hommes, un couturier bisexuel et son petit ami. On a pris de l'ecstasy et on a fait l'amour pendant des heures. Quand je me suis réveillée le lendemain matin, j'étais dans un état épouvantable. Je n'arrivais pas à croire que j'avais eu des relations sexuelles non protégées avec deux hommes qui devaient avoir eu des dizaines de partenaires ». Moore dit qu'elle avait peur d'avoir attrapé le VIH. Elle passe plusieurs tests qui heureusement sont tous négatifs. Peu de temps après la mort de Patti, elle confie : « J'avais le cœur brisé parce qu'elle avait l'air d'être quelqu'un de tellement doux, gentil et attentionné. Je me suis promis de ne pas suivre ses traces et deux mois plus tard je me suis inscrite au collège et j'ai abandonné la profession. À ce jour, je n'ai jamais regretté ma décision. J'ai reçu plusieurs offres pour poser pour des catalogues de vêtements et présenter des collections mais j'ai refusé. J'aurai bientôt mon diplôme en biologie et j'ai l'intention de poursuivre mes études pour devenir vétérinaire. Le monde des mannequins est complètement factice. Moi j'ai envie de consacrer le reste de ma vie à quelque chose de concret, d'utile, qui peut aider le monde à devenir plus agréable. »

Moore se souvient de l'effet que provoque la mort de Davis dans le milieu de la mode. Beaucoup redoutent en effet que les répercussions d'une autre histoire tragique ne ternissent à jamais l'image de l'industrie. « Je sais qu'il y a des tas de gens, agents ou photographes qui connaissent des filles aussi auto-destructrices que Patricia, dit-elle, les gens craignent que les autorités ne se mettent à enquêter sur la profession. Le cas échéant, cela créerait de gros problèmes. Il y a tant de choses illégales qui se passent, tant de gens qui pourraient être jetés en prison, si on se mettait à enquêter en profondeur. » Moore se souvient qu'on l'a forcée à accepter plusieurs combines, comme passer de la cocaïne à la frontière américaine, à Miami. « C'était horrible. À l'époque, je sortais avec ce salaud, un photographe de mode qui avait pris de moi de nombreuses photos de nu. Il voulait que je passe des stupéfiants à la frontière parce qu'il avait besoin de se faire de l'argent rapidement. Comme je refusais, il m'a menacée de faire publier les photos. Mes parents auraient fait une crise cardiaque s'ils les avaient vues! Il avait placé la cocaïne dans un sac collé à l'intérieur de la couverture d'un livre. C'est une technique courante chez les professionnels. J'ai eu de la chance, je ne me suis pas fait prendre, mais c'est certainement la plus grosse bêtise de ma vie. J'ai fini par récupérer mes photos et je les ai détruites. Quand je repense à tout ça, je n'arrive pas à y croire. J'ai commencé à être mannequin pour gagner un peu d'argent. Mais j'ai vite dérivé, et encore aujourd'hui j'ai du mal à oublier ce cauchemar. »

En février 1996, à la gare centrale de New York, un agent, Pierre Tanguay, qui travaille pour une grande agence en France, aborde une jeune beauté de 16 ans, encore aux études. Elle s'appelle Karen Burrows. Il lui laisse sa carte et lui demande de l'appeler la semaine d'après. Au cours des mois qui suivent, Karen Burrows vit un véritable cauchemar. Tanguay la fait venir à Paris pour une séance d'essai. Il l'attend à l'aéroport avec une douzaine de roses et une bouteille de champagne. Il lui a fait croire qu'il a réservé une chambre à l'hôtel et l'attire dans son petit appartement. La première nuit, il la saoûle et essaie de la violer. Burrows veut rentrer chez elle mais décide de rester parce que Tanguay respecte sa promesse de lui organiser des séances photos. Le prix à payer pour ses services s'avère très élevé.

« Il s'attendait à ce que je devienne son esclave, dit-elle, il me forçait à avoir des rapports sexuels chaque soir et si je refusais, il me frappait et me disait comme j'étais laide à voir. Je ne savais pas quoi faire. J'étais jeune et ambitieuse. J'ai décidé de jouer le jeu parce qu'il m'a effectivement mise en contact avec un groupe de photographes de mode, et que nous avons fait des séances d'essai. Mon pire souvenir est quand son fils de 18 ans, qu'il avait eu d'un premier mariage, nous a surpris en train de faire l'amour sur le canapé du salon. Je n'ai jamais éprouvé autant de dégoût et de honte. Je me suis réfugiée dans les toilettes et j'ai éclaté en sanglots. À Paris, on allait à des soirées presque tous les jours. Je n'ai pas dessoûlé les quatre mois qu'a duré mon séjour. »

Burrows revient sur terre et repart pour les États-Unis après que Tanguay ait essayé de la forcer à l'épouser. « Il était devenu trop attaché à moi. Le jour où il m'a demandé de l'épouser, j'ai téléphoné à ma sœur et je lui ai tout raconté. Elle était extrêmement inquiète et m'a pris un billet d'avion pour le lendemain ». Deux jours après son arrivée à New York, Burrows se rend dans un centre spécialisé à la demande pressante de ses parents. Pendant les trois mois que dure son séjour, elle suit une thérapie et une cure de désintoxication. L'automne suivant, Burrows reprend ses études et a depuis obtenu son diplôme. « Je ne travaillerai plus jamais dans ce milieu, dit-elle, je me demande ce qui m'est passé par la tête. Je crois que j'ai voulu brûler les étapes. Aucune fille jeune ne devrait essayer de grandir trop vite. C'est vraiment trop dangereux. »

Chapitre 7
DES PROIES FACILES

Les mannequins actuels compatissent avec ceux qui les ont précédés et qui ont vécu de mauvaises expériences. La drogue et l'alcool constituent les « produits de base » de l'industrie de la mode depuis 1925, date à laquelle John Powers, un élégant acteur qui gagne difficilement sa vie, ouvre la première agence de mannequins sur Park Avenue. Il règne dans ce milieu une loi du silence. Les mannequins vivent dans une constante insécurité. Tant de filles disparaissent mystérieusement ou sautent du quatrième étage pour échapper à un agent bourré de drogues qui veut les violer!

Un des rares cas à avoir été signalé est celui d'Elizabeth Sorensen, un mannequin danois de 17 ans qui a disparu lors d'une séance photos organisée par un magazine marocain fantôme. Selon Elizabeth Dankov, une de ses amies, Sorensen aurait été droguée, violée et kidnappée en arrivant à Tanger pour faire les photos. On ignore où elle se trouve. On dit qu'elle est toujours en vie et qu'elle sert d'esclave sexuelle dans le Sud marocain. « Si cela se passait dans une autre profession, il y a longtemps qu'on passerait les rues du pays au peigne fin pour tenter de la retrouver , déclare son ancien copain Lars Christensen, c'est juste que dans ce métier, les gens ont l'habitude de tout mettre sous le tapis. » Dankov conclut : « Ils craignent que si la vérité éclate, elle détruise la perception que le public a du milieu. On veut faire croire aux gens que la beauté passe en premier. Mais il n'en est rien.

Ce milieu est une jungle. » L'histoire tragique de Sorensen compte parmi des centaines d'expériences cauchemardesques qui ne sont pratiquement jamais signalées.

Antonio Luciano qui a travaillé comme mannequin à Milan à la fin des années 80 dit que le nombre d'assassinats et de suicides a terriblement augmenté. Luciano l'explique : « J'ai un cousin policier à Milan qui m'a dit qu'on achète le silence de nombreux policiers. Et j'ai entendu dire que c'était la même chose dans d'autres villes. On pourrait faire la lumière en enquêtant systématiquement sur tous les cas d'abus mais personne ne bouge, parce qu'on a peur que cela cause du tort à l'industrie touristique. Il faut savoir que beaucoup de gens viennent à Milan pour voir les mannequins et fréquenter le milieu de la mode. Aux yeux des autorités, il est plus important de maintenir le commerce que de résoudre un assassinat ou une histoire de drogue. C'est le monde à l'envers. »

Milan n'est pas la seule ville où la criminalité se trouve au cœur de l'industrie de la mode. En janvier 1998, Tina Vasquez est recrutée dans les rues misérables de son pays d'origine, la République dominicaine, par un agent qui opère dans le quartier de South Beach à Miami. Vasquez, qui tient de Sophia Loren et de Raquel Welch, a passé toute sa vie avec sa famille dans la pièce unique d'un minuscule appartement sans eau courante. En l'espace de 36 heures, elle se retrouve dans un avion qui la conduit à Miami. Elle n'a pas de billet de retour et possède vingt dollars que lui a donnés son agent. Les semaines qui suivent, la vie de Vasquez vire au cauchemar. Elle révèle que l'agent qui l'a recrutée la viole plusieurs fois et qu'elle est trop terrifiée pour porter plainte. « Mon agent m'a dit que si j'allais à la police, il me ferait tuer, déclare

Vasquez, je ne savais pas quoi faire. Si je suis venue à Miami, c'est parce que je croyais avoir une chance de gagner un peu d'argent et d'aider mes parents. Mon père n'a pas de travail et nous vivions dans des conditions épouvantables. Quand je suis arrivée à Miami, je n'ai pas trouvé du tout ce qu'on m'avait promis. Mon agent m'a obligée à coucher avec lui. Comme je refusais, il est devenu violent et m'a violée. Une fois il a déchiré mes vêtements, m'a attachée à son lit et m'a forcée à avoir des relations sexuelles pendant plus de quatre heures. J'ai parlé à beaucoup d'autres filles recrutées comme moi pour aller à South Beach, et leur histoire ressemble à la mienne. Elles m'ont dit que ce trafic durait depuis plusieurs années. »

Après deux ou trois mois, Vasquez coupe les ponts avec son agent miteux. Mais se trouver un agent n'est pas facile car elle est certaine qu'on l'a mise à l'index à Miami. « J'ai fait du porte à porte pour me trouver du travail mais je n'ai eu que des refus, se souvient-elle, c'était un vrai cauchemar. Je n'avais pas un sou et pas de billet de retour. J'ai vraiment cru que j'allais y rester. »

Heureusement, un mannequin dont Vasquez a fait la connaissance par l'entremise de son ancien agent, accepte de la dépanner en lui offrant de dormir sur le canapé de son salon jusqu'à ce qu'elle se trouve du travail. Un mois plus tard, elle finit par se trouver quelque chose dans une boîte de nuit connue. Elle devient danseuse topless. Ainsi la jeune fille pauvre et innocente de la République dominicaine doit se déshabiller pour gagner sa vie. Son pseudonyme : Angel. Deux années ont passé et Vasquez travaille toujours au même endroit. Elle compte y rester encore trois ans puis retourner chez elle avec assez d'argent pour assurer à sa famille une retraite confortable.

« Certains soirs, je me fais 2 000 $. C'est plus que ce que gagne en moyenne un mannequin. J'aurais vraiment aimé avoir ma chance comme mannequin mais c'est un milieu tellement corrompu. Plus que là où je travaille. Car si un client a un geste déplacé, il se fait mettre à la porte par un des videurs de la boîte. La pire expérience que j'ai connue comme topless, c'est avec un joueur vedette d'une équipe de baseball, les Marlins de Floride. Il m'a fait danser pendant des heures en privé. Il n'arrêtait pas de me toucher les seins, et essayait de mettre sa main dans ma culotte. Il était très saoûl et me payait 1 000 $ de l'heure. J'ai joué le jeu parce que je savais qu'il payait bien, mais je le repoussais sans cesse. Soudain il m'a sauté dessus et a essayé d'avoir des rapports sexuels. J'ai hurlé et les videurs sont arrivés. La bagarre a commencé. C'était un type costaud et il n'était pas facile à maîtriser. Finalement les gars l'ont jeté à la rue. Je me suis réfugiée dans la salle de bains et j'ai pleuré longtemps. Je me sentais tellement maltraitée, et j'avais tellement honte de ce que je faisais. Ce n'est pas une vie facile. Moi qui croyais aller en Amérique pour y vivre une vie de rêve! Je croyais que ma famille me verrait dans les magazines et que je serais un de ces superbes mannequins admirés de tous. Et voilà que je me retrouve quelques mois après mon arrivée dans une boîte de strip-tease avec un gros athlète américain ivre mort qui n'arrête pas de me peloter. Si je refuse de travailler dans cette boîte, je vais me retrouver sans le sou et à la rue. Je tiens le coup uniquement pour pouvoir aider ma famille. »

La psychologue Rebecca Holmes a traité de nombreux mannequins femmes au fil des ans. Holmes dit qu'elle a rencontré des centaines de femmes qui ont vécu des expériences semblables à celles de Vasquez. « Je reçois parfois dix nouvelles filles par semaine, qui me racontent toutes des histoires d'horreur, dit Holmes, elles atteignent un point où elles se dégoûtent tellement elles-mêmes qu'elles veulent se suicider. Celles qui n'ont pas les moyens de se faire aider psychologiquement finissent souvent par passer à l'acte. Le problème, c'est que les agents profitent de leur naïveté, ils leur racontent des mensonges et leur font des promesses qu'ils ne tiennent jamais. Les filles ne s'en aperçoivent qu'une fois qu'elles sont à bord d'un avion à destination de Paris ou de South Beach. À leur arrivée, elles réalisent qu'elles ont été dupées et coopèrent sous la menace. C'est l'horreur. Quand elles sont recrutées, les filles sont persuadées qu'elles seront la prochaine Cindy Crawford ou Naomi Campbell. C'est rarement le cas. Le plus souvent, elles traversent une période déchirante. Le monde des mannequins regorge de fraudeurs et d'escrocs. Tant qu'on ne se débarrassera pas de ces gens en les mettant en prison, ou en leur faisant fermer boutique, rien ne changera. J'ai reçu une fille l'autre jour qui était battue par son agent parce qu'elle refusait de coucher avec lui. Je lui ai dit d'aller porter plainte à la police, mais elle m'a dit qu'elle avait trop peur. Son agent avait plusieurs armes à feu chez lui et elle craignait qu'il ne la tue si elle le dénonçait. C'est ce genre de comportement qui doit changer. Tant que personne ne parle ni ne tire le signal d'alarme, je ne vois pas comment cette situation qui n'a pas bougé depuis tant d'années pourra enfin changer.

Si l'on en croit le top model britannique Iris Palmer, la vie d'un top model semble idyllique. Ce ne sont que parties à Hollywood, argent et vêtements luxueux. Mais une fois que l'on revient sur terre, c'est une autre histoire. Palmer, qui est la

Top Models

fille de Sir Mark et Lady Palmer, a commencé à poser à New York à l'âge de 16 ans pour connaître la célébrité deux ans plus tard, après avoir été découverte en bas résilles et mini-jupe par la présidente de l'agence Storm, Sarah Doukas. « Elle a le look du moment : superbe, excentrique et une personnalité d'enfer. » Atteindre le sommet n'est pas dans ses plans. « Je ne peux pas supporter ce vide, dit-elle, il y a vraiment un mythe dans ce milieu. Les gens qui dirigent cette industrie ne comprennent absolument pas les centaines de jeunes filles qu'ils ont à New York. La drogue est partout. Aujourd'hui, les mannequins peuvent commencer à consommer très jeunes », conclut Sarah Doukas.

La mort soudaine d'une amie top model déclenche la colère de Palmer qui s'en prend avec véhémence aux directeurs d'agences. « On aurait pu éviter ça si les gens qui s'occupaient de sa carrière avaient été davantage intéressés à assurer son confort plutôt qu'à faire du profit sur son dos. Elle était tellement naïve, elle ne savait pas ce qu'elle faisait. Elle rentrait chez elle fatiguée et au lieu de se faire une tasse de thé, elle se faisait livrer de la coke en quantité, convaincue que c'était ce que tout le monde faisait. Quand je suis rentrée à New York, je suis arrivée dans son appartement. Elle avait à sa disposition une immense limousine blanche qui l'attendait. À l'intérieur, il y avait une caméra vidéo et plusieurs lignes de coke. Je n'en revenais pas. On roulait quelque temps et je trouvais ça plutôt marrant. Et puis elle a commencé à prendre de la drogue en se filmant en vidéo, et là j'ai compris qu'elle était vraiment partie. J'ai reçu une éducation très britannique, très collet monté. Elle ne comprenait pas et a commencé à être tendue. Originaire d'une petite ville de Floride, elle se retrouve mannequin, avec un appartement à elle toute seule à New York. Que croyez-vous qui se passe dans la tête d'une fille quand sa vie change ainsi du jour au lendemain? »

Comme tous les autres mannequins interviewés pour ce livre, Palmer dit que la drogue, l'alcool et les abus sexuels sont monnaie courante dans ce milieu. Mais le problème est encore plus choquant aujourd'hui parce que certaines victimes n'ont que onze ou douze ans. La fille de Connie Drucker, Roberta, a onze ans lorsqu'elle est recrutée à Chicago par une agence. À treize ans, elle a déjà fréquenté un centre de désintoxication après avoir failli faire une overdose d'héroïne. « Je n'aurais jamais dû encourager Roberta à faire ce métier, déclare Connie Drucker, elle était trop jeune. Elle n'avait que douze ans et portait des robes à la mode, se maquillait à outrance et sortait dans les discothèques avec des hommes qui avaient trois fois son âge. On me disait que c'était pour le travail, mais en réalité ces salauds en profitaient pour lui donner de la cocaïne et beaucoup de champagne. Au début, je n'avais aucune idée de ce qui se passait mais après un certain temps j'ai compris. J'ai essayé de lui trouver de l'aide. Je lui ai fait quitter l'agence. Mais il était déjà trop tard. Un soir, j'ai reçu un appel de l'hôpital et on m'a annoncé que ma fille avait failli mourir d'une overdose d'héroïne. C'est une de ses amies qui a appelé le 911. Je ne me pardonnerai jamais ce qui s'est passé. En tant que parent, je n'aurais jamais dû donner mon accord. Ma fille était beaucoup trop jeune pour faire ce métier. Je conseille à tous les parents d'attendre que leur enfant ait vingt ans, qu'il soit assez vieux pour décider en connaissance de cause ce qu'il fera de sa vie. »

L'histoire de Roberta Drucker touche une corde sensible. Certains parents se montrent désormais plus réticents à laisser leurs enfants se faire recruter par une agence, même s'il s'agit d'un établissement très connu. « Ma fille Mary a reçu une bonne dizaine d'offres depuis qu'elle a treize ans, confie Molly Hunter de Floride, elle est grande et mince et a un sourire irrésistible. Mais j'ai lu des histoires abominables et je ne la laisserai pas travailler dans ce milieu avant qu'elle ait au moins 18 ou 19 ans, une fois ses études secondaires terminées. Comme ça, elle aura toujours quelque chose si le métier de mannequin ne marche pas. Il y a trop de jeunes filles qui se font piéger. Je me trompe peut-être parce que Mary pourrait déjà gagner beaucoup d'argent, mais je suis sa mère et c'est mon devoir de la protéger. Si elle fait ce métier, je ne serai pas là à la suivre à tout moment. Et parfois il suffit d'une seconde pour que les choses tournent mal. J'ai bien l'intention de m'assurer que personne ne profitera de ma fille. La beauté finit par disparaître, alors qu'une bonne instruction reste. C'est comme ça que je vois les choses. »

Tous les parents ne sont pas contre l'idée que leur enfant devienne mannequin, et tous les mannequins ne sont pas contre le style de vie très « jet set » du monde de la mode. Beaucoup s'y complaisent des années durant avant de revenir sur terre. Lors d'un récent casting pour un défilé de mode à Paris, un des organisateurs a admis que parmi les jeunes femmes qui attendaient, aucune n'avait dix-sept ans. Une des filles qui passait l'audition en a quinze. Elise Robert, de Lyon, dit qu'elle est prête à faire n'importe quoi pour décrocher le contrat. « Ça m'est égal d'enlever mes vêtements, ou de coucher à droite à gauche, si ça peut m'aider à devenir top model, déclare-t-elle, je veux travailler et gagner de l'argent. Dans ce milieu, il faut être prêt à faire des sacrifices. Je suis jeune et j'en ai déjà vu de toutes les couleurs. On ne vit qu'une fois! À douze ans, j'ai couché avec mon premier agent qui avait 41 ans. Mes amis pensent que je suis folle. Ma famille pense que j'ai besoin de l'aide d'un psychiatre. Mais depuis l'âge de cinq ans, la seule chose qui m'intéresse, c'est de devenir aussi célèbre en France que Madonna l'est en Amérique. Comme elle, qui a dû faire beaucoup de sacrifices pour arriver au sommet, je ferai tout ce qu'il faudra pour réaliser mon rêve. »

Robert dit que si elle n'a pas peur de coucher avec n'importe qui pour arriver à ses fins, jamais elle ne touchera aux drogues dures. « J'ai toujours connu des hommes qui m'offraient de la cocaïne ou essayaient de me saoûler. Je leur dis d'aller se faire foutre! Je reconnais que pour une fille aussi jeune, j'ai couché avec beaucoup de types, mais c'est parce que j'aime le corps humain et que faire l'amour est pour moi très beau. Mais je ne veux pas endommager mon corps, ni me détruire avec de la drogue. J'aime la vie et j'ai bien l'intention de faire longtemps ce métier. J'ai connu trop de gens qui mouraient jeunes à cause de la drogue. »

Au cours des années 90, la drogue fait beaucoup de victimes. Cette situation dramatique s'explique par le fait que les mannequins se lancent dans la profession sans aucune expérience de la vie. « Les filles commencent vraiment très jeunes, dit un mannequin américain, James King, elles n'ont aucune maturité psychologique ou émotive. Ce ne sont même pas encore des femmes. »

King n'a que 18 ans lorsque son copain Davide Sorrenti, photographe de mode âgé de vingt ans meurt le 3 février 1997. Davide baigne dans le milieu depuis qu'il est petit. Il est le fils de la photographe de mode légendaire, Francesca Sorrenti, et son frère Mario Sorrenti est l'ancien mannequin qui pose pour les jeans Levi's et qui est

Top Models

sorti avec Kate Moss pendant plusieurs années. Davide a grandi entouré de mannequins et il accompagne souvent sa mère. À quatorze ans, il a une aventure avec un mannequin célèbre de onze ans son aîné. À 19 ans seulement, il dévoile dans la chronique « One to Watch » du magazine *Interview*, sa liste des dix plus beaux mannequins. En font partie : Carolyn Murphy, le mannequin de Prada; les jeans Levi's; le Leica M5 et le mannequin Filippa alors âgée de treize ans. Mais Davide n'arrive pas à faire face au succès et se met à consommer de l'héroïne. Daryl Wilke qui connaissait intimement Sorrenti déclare : « Il était parmi ceux qui consommaient de l'ecstasy dans les années 90, et l'énorme succès qu'il connaît ne lui monte pas à la tête, au contraire. Il disait souvent que tout ça n'était que de la foutaise. C'est d'ailleurs ce milieu qui rendait Davide déprimé et suicidaire. La drogue était devenue une échappatoire. »

La mort de son copain ne surprend pas James King, qui a aussi fait une cure de désintoxication, même si elle croyait que Davide avait arrêté de consommer. King, qui a débuté dans le milieu à l'âge de quatorze ans, a perdu bien des amis mannequins sans soupçonner qu'ils prenaient de la drogue. Lorsqu'elle rencontre Sorrenti, il a l'air aussi hagard et désespéré que beaucoup de mannequins avec lesquels elle a travaillé. « Quand les filles commencent à gagner beaucoup d'argent, la pression est tellement forte que plusieurs se mettent à prendre de la drogue. » Elle ajoute qu'elle a pris de la drogue à son premier contrat et que c'est un assistant qui lui a fait essayer l'héroïne. Elle n'y avait jamais touché. « J'ai été sur des plateaux où on fumait du pot et buvait de la bière, j'ai assisté à des défilés où les gens se droguaient dans les salles de bain. Je sais qu'un employé de banque qui fait des heures supplémentaires ne s'apporte pas une

bouteille de gin. Le milieu de la mode est à ma connaissance le seul où c'est permis. » King estime que couturiers et agents dirigent les mannequins dans la mauvaise direction. « Les gens peuvent dire ce qu'ils veulent, ça m'est égal, mais la vérité c'est que ceux qui tirent les ficelles font tout pour encourager les mannequins à se détruire... Si une fille devient une star et qu'elle se met à consommer, personne ne lèvera le petit doigt pour l'en empêcher. Ce qui compte c'est qu'elle rapporte. C'est ça New York, tout le monde s'en fiche. »

Si elle pouvait revenir en arrière, jamais Francesca Sorrenti n'encouragerait son fils à débuter aussi jeune. Elle approuvait la relation qu'il avait avec King, mais elle ne se pardonne pas qu'il soit mort. « Ils étaient très amoureux mais c'était un peu malsain parce que tous deux étaient héroïnomanes. Quand James sort de sa cure de désintoxication, elle est formidable mais elle est déchirée par ce qui arrive. Elle l'adorait, vous savez. À l'âge de 19 ans, elle doit faire face à quatre années d'héroïne et à la mort de son copain. Avions-nous le droit en tant qu'adultes de l'exposer à la drogue? C'est l'assistant du photographe qui lui a fait prendre de l'héroïne la première fois. Il lui en a offert et elle est devenue accro. Comment avons-nous pu faire une chose pareille? Il faut dire que les parents dont les enfants débutent dans le milieu sont à mille lieues de se douter que de tels drames peuvent se produire. Ils se disent que c'est formidable, que c'est un métier magnifique, excitant et lucratif et que leur fils ou leur fille va réussir. Quand la bombe explose, il est trop tard. »

Depuis la mort de son fils, Francesca Sorrenti milite pour la protection des mannequins. Elle fait pression pour qu'on adopte une loi semblable à celle qui régit l'industrie du cinéma. Elle souhaite que dans un avenir proche on fasse des tests au hasard, que les mineurs soient sous surveillance parentale et que les agences passent un accord pour ne pas engager de mannequins toxicomanes. « Les directeurs de magazines se croisent les bras tandis que les enfants camouflent leurs marques de seringue avec du maquillage, et à Noël, on leur offre des sacs de cocaïne. Les enfants se font piéger par d'autres agences plus ouvertes à la drogue. » Jusqu'à présent, les efforts de Sorrenti ont été accueillis par de l'indifférence, voire de l'hostilité.

La plupart des politiciens prétendent que l'assainissement de l'industrie ne fait pas partie de leurs priorités. « Nous avons tant de problèmes plus urgents à régler » déclare un sénateur républicain des États-Unis, ce n'est pas parce que le fils de Sorrenti est mort que l'on doit sonner l'alarme. Si nous commencions à faire enquête dans ce cas particulier, nous créerions un dangereux précédent. À chaque fois que quelqu'un meurt tragiquement, nous devrions dépenser des millions. Davide Sorrenti est décédé parce qu'il était toxicomane. Pour commencer, il n'aurait pas dû traîner dans ce milieu. Chacun sait que la consommation d'héroïne est monnaie courante dans l'industrie de la mode. Sa mère ne devrait pas s'étonner de ce qui s'est passé. »

De nombreux politiciens tiennent le même discours. Ils considèrent que ce sont les parents qui n'ont pas joué leur rôle. « Ils sont plus coupables que leurs enfants, déclare un sénateur des États-Unis, le rôle des parents est de veiller à ce que les enfants s'instruisent, pas à essayer de profiter d'eux financièrement. Quand on laisse un enfant de 12 ou 13 ans faire ce métier, on doit y penser à deux fois. Ils devraient se douter que travailler comme mannequin, ça n'est pas comme chanter dans une chorale. En les lançant dans ce métier, ils les lancent dans un milieu de prédateurs sexuels et de revendeurs de drogue. »

Sorrenti dit qu'elle n'a reçu qu'un soutien très faible. « La profession de mannequin ne suscite pas l'empathie », lui a déjà répondu un politicien connu. Malgré cela, elle tient bon et n'a pas l'intention de se laisser décourager. « Les mannequins ne sont pas très aimés. Ils sont jeunes, beaux et ils ont de l'argent! Ça ne les empêche pas d'avoir d'énormes problèmes. Mais l'isolement et un besoin de s'échapper les rend très vulnérables et fait d'eux des proies faciles. Prenez les plateaux de tournage, qui ressemblent un peu aux studios photos. Dans l'industrie du cinéma, les enfants sont légalement protégés. Ils ne peuvent travailler que tant d'heures par jour, on engage des professeurs pour eux, et il ne viendrait à l'idée de personne d'offrir des bouteilles d'alcool aux membres de l'équipe. »

Seuls quelques hommes politiques commencent à tenir compte des allégations de Sorrenti. Le président Bill Clinton est devenu un des critiques les plus virulents de ce milieu. Il s'en est pris violemment aux responsables de l'industrie qui ont lancé cette mode appelée « heroin chic » qui donne une image séduisante de la dépendance à l'héroïne dans le seul but de faire mousser ses ventes. « Trop de jeunes gens innocents ne seraient pas aujourd'hui des toxicomanes s'ils n'étaient pas devenus mannequins, déclare Bill Clinton, nous devons examiner très attentivement cette industrie et ne pas attendre qu'il soit trop tard pour changer les choses. Il est aberrant que de jeunes mannequins aient recours à l'héroïne pour perdre du poids. C'est à l'industrie de réviser ses critères. Si rien n'est fait, les responsables devront en payer les conséquences. »

Clinton reproche aux grands couturiers de promouvoir « l'heroin chic » en choisissant de mettre sur les panneaux publicitaires ou les couvertures de magazines des mannequins pâles qui semblent anorexiques. « On n'a pas besoin de ça pour vendre des vêtements. Certains grands couturiers reconnaissent sans mal que les photos de mode publiées ces dernières années présentent la dépendance à l'héroïne comme quelque chose d'attirant, de sexy et de cool. La mort de certains de ces mannequins apporte un démenti formel. L'héroïne n'a rien de créatif, elle tue. Elle n'est ni belle ni séduisante, elle est laide. Ce n'est pas une question d'art, c'est une question de vie ou de mort. Et promouvoir la mort n'est bon pour aucune société. »

Le Dr Herbert Kleber du Centre national sur la toxicomanie de l'Université Colombia de New York rapporte que le nombre d'héroïnomanes a augmenté de plus de 200 000 en 1990. Kleber dit qu'il y a aujourd'hui plus de 700 000 héroïnomanes en Amérique contre 500 000 il y a dix ans, sans compter une bonne centaine de milliers de consommateurs de drogues dites douces. Le *National Household Survey on Drug Abuse* rapporte que le nombre d'héroïnomanes est six fois plus élevé aujourd'hui qu'il y a cinq ans. Le Dr Kleber est un des nombreux chercheurs américains qui rendent l'industrie de la mode responsable de cette situation.

« Chaque fois que l'on voit des mannequins qui ont l'air d'avoir consommé de l'héroïne, dit le médecin Harvey Gelman, cela a un effet d'entraînement catastrophique car les gens se disent que ça doit être cool. Je suis sûr que si les mannequins qui font les couvertures de magazines respiraient la santé, nous n'aurions pas autant d'héroïnomanes en Amérique, et que des vies pourraient être sauvées. »

Ce qui n'a rien arrangé, c'est la baisse du prix de l'héroïne dans les années 90. « L'héroïne a toujours été considérée comme une drogue de riche, ajoute le Dʳ Gelman, aujourd'hui, on peut en acheter aussi facilement que des bonbons. C'est aussi de l'héroïne moins coupée, donc les enfants n'ont pas besoin de se l'injecter. On peut la sniffer ou la fumer. J'ai rencontré récemment à Atlanta un de mes collègues qui a fait une étude sur le sujet. Il m'a dit que dans une école secondaire qu'il a visitée, 40% des élèves interrogés ont reconnu avoir consommé de l'héroïne. Il ne s'agit pas d'un incident isolé. C'est la même chose partout en Amérique. Nous devons absolument arrêter, sinon c'est la moitié de la prochaine génération qui va se retrouver héroïnomane! Les gens de l'industrie de la mode et du spectacle doivent arrêter de promouvoir « l'heroin chic » pour gagner rapidement de l'argent. Il faut qu'ils se rendent compte des conséquences dévastatrices de leurs actes. »

Certains responsables de l'industrie de la mode n'ont pas bien accueilli les déclarations du président Clinton. Fern Mallis, directeur exécutif du Conseil des couturiers américains n'est pas d'accord. « Ça n'est pas juste de blâmer l'industrie entière, nous savons que nous devons prendre nos responsabilités. » Marc Jacobs, le célèbre couturier américain dit que les remarques du président Clinton étaient non fondées et ridicules. « Qu'est-ce que vous voulez voir? Une couverture de *Vogue* avec quelqu'un qui boit du jus d'orange? »

Il n'empêche que les personnes qui ont été durement touchées par la tragédie insistent sur le fait que des gens comme Jacobs essaient simplement de se protéger. « Bien sûr que ça fait mal quand quelqu'un comme Marc Jacobs refuse de reconnaître l'ampleur du problème », déclare Arlene Dyson, dont la fille mannequin Frederique est morte en 1995 d'une overdose d'héroïne à l'âge de 16 ans, « tant qu'on ne reconnaîtra pas cette réalité, il n'y a aucun espoir que les choses changent. Dans ce milieu, ceux qui ont du succès nient le problème parce qu'ils savent que s'ils parlent, ils risquent de faire du tort à leur commerce. Ce sont des hypocrites. Ils savent très bien ce qui se passe. En fait, ceux qui nient l'évidence sont ceux-là mêmes qui fournissent de la drogue aux mannequins. »

Un rapide tour effectué récemment dans les coulisses d'un défilé de mode new-yorkais confirme que l'industrie n'est pas près de changer. Il y avait des bouteilles vides partout et les cendriers étaient pleins de pinces à joints. Une seringue utilisée était par terre dans un coin juste à côté de la salle d'habillage. Interrogé, un mannequin célèbre répond : « La plupart du temps, c'est pire. C'est un milieu très dur qui vous prend tout. C'est pratiquement impossible d'échapper à la drogue dans un milieu pareil. Les choses changeront lorsque quelqu'un aura le courage de parler et de dénoncer ceux qui ont fait de la mode une industrie sordide. Si les gens se taisent, c'est parce qu'ils ont peur des patrons et il faut bien reconnaître que certains vous donnent froid dans le dos. »

Andrew Tyler, un agent assez connu au milieu des années 90 a tout abandonné. Sa profession lui donnait une sorte de « permis » de maltraiter des innocents. Tyler explique comment s'y prennent des gens d'âge mûr aussi violents qu'imprévisibles pour piéger les jeunes mannequins et leur faire prendre des drogues dures. « La situation se dégrade parce que les gens qui dirigent agissent de plus en plus comme des gangsters. Au début, tout se passe bien. On offre aux mannequins des voitures et des vêtements neufs ainsi que de grosses sommes d'argent. Une fois que les profits commencent à rentrer, les agents s'efforcent de garder les mannequins dans leur écurie, et la meilleure façon de les contrôler, c'est de leur donner de la drogue. J'étais sidéré. On baignait dans l'illégalité mais personne ne bronchait. Le jour où les autorités décideront d'intervenir, beaucoup de gens se retrouveront en prison. C'est peut-être la seule façon de sauver l'industrie, parce que si on continue comme on l'a fait ces dix dernières années, il n'y aura bientôt plus un seul mannequin sur les podiums : ils seront tous morts. »

Chapitre 8
LA VIDA LOCA

Nous sommes à Milan, fin novembre 1998, la veille d'une collection. Tony Ricci, un dénicheur de talents, a organisé un dîner au champagne dans la suite d'un grand hôtel. Une vingtaine de mannequins, ainsi que plusieurs couturiers et agents de top models sont de la partie. Ils ont juré de garder le secret sur le déroulement des activités. Ricci, qui a la réputation de donner les soirées les plus folles, ne veut pas que les centaines de photographes présents au défilé apprennent qu'il va y avoir une fête.

La scène semble tirée d'un film hollywoodien. Les mannequins qui commencent à arriver sont reçus par des serveuses topless qui leur offrent sur un large plateau saumon fumé, caviar et queues de homard. Chacun se sert au bar et le champagne coule à flots. Toute la nuit, des joints circulent et la cocaïne est servie sur de petits plateaux en argent. Dans un coin de la pièce, deux mannequins féminins boivent du champagne et s'embrassent langoureusement. Dans un autre, un agent dans la quarantaine caresse les seins d'une blonde américaine. Tout le monde a l'air de s'éclater. Au milieu de la nuit, la plupart des invités ont déjà trouvé leur partenaire. Chaque lit, chaque canapé et même la grande baignoire ancienne sont occupés. Une adolescente espagnole, un agent italien et son amant font l'amour sur le sol du grand balcon qui surplombe le cœur de la ville.

« Je suis allée à des dizaines de parties de ce genre, dit Bronwyn Pace, un jeune mannequin de 17 ans, j'ai l'habitude. Il y en a toujours la veille d'un défilé important. Seulement le lendemain, on fait tout pour donner l'illusion qu'il ne s'est rien passé. J'ai vu des filles s'injecter de l'héroïne ou faire des orgies monter sur le podium 24 heures plus tard. Je sais, je l'ai fait! Le plus incroyable, c'est qu'on arrive tant bien que mal à récupérer. »

Pace dit que les mannequins connaissent tous les trucs pour camoufler les marques. La plupart s'injectent de l'héroïne sous les ongles d'orteils, sous la langue ou entre les orteils. Elle confie qu'elle a souvent camouflé ses marques avec du fond de teint emprunté au maquilleur de service. « Les organisateurs savent que beaucoup de filles ont fêté la veille pour la bonne raison que la plupart d'entre eux y étaient. Alors ils font tout ce qu'ils peuvent pour les aider. Pour se calmer les nerfs, les filles prennent du champagne et de la cocaïne juste avant le défilé et quand elles montent sur le podium, elles ont l'air très en forme. »

Vanalina Spanier a exercé le métier de maquilleuse pendant dix-sept ans. Elle a tout quitté en 1996 parce qu'elle était écoeurée de ce qu'elle voyait dans les coulisses. Elle a travaillé avec des dizaines de top models incluant Kate Moss et Naomi Campbell. Elle reconnaît qu'elle a camouflé les marques d'injection sur des centaines de filles. Ses patrons lui en donnaient l'ordre. Les mannequins qui présentent les vêtements les plus chers du monde vont défiler complètement gelées. « J'ai vu des filles se piquer dans des endroits impossibles, dit-elle, je n'avais pas le choix : si j'avais refusé, j'aurais probablement été renvoyée. J'ai travaillé avec des mannequins qui avaient l'air tellement droguées qu'elles auraient été plus à leur place à l'urgence que sur un podium. J'en ai vu vomir en coulisses et se piquer sur la chaise de maquillage. Le public n'a aucune idée de ce qui se passe réellement. C'est vraiment un métier répugnant. »

Harriet Connors a 47 ans. Ses cheveux blonds ondulent sur ses épaules. Pendant les années 60, la jeune californienne exerce le métier de top model avant de sombrer dans l'alcoolisme et devenir accro au LSD. À 19 ans, elle a déjà fait un séjour en clinique psychiatrique. Connors ne ressemble plus à la cover-girl américaine type depuis bien des années. À l'époque, elle sort avec des célébrités comme Elvis Presley et Peter Lawford. Sa voix jadis douce et chaude est devenue rauque à cause du tabac. Mais avec ses yeux bleus en amande et son visage soigneusement entretenu, elle a encore l'allure et l'attitude d'un top model. Connors est amère en repensant à sa carrière gâchée. Elle dit que c'est son agent qui lui a fait prendre de la drogue pour la première fois et prétend qu'il a aussi abusé d'elle sexuellement à plus de vingt reprises. Les gens superficiels et hypocrites qui dirigent la mode ont fait de sa vie un véritable enfer. « La seule chose qui intéressait mon agent, c'était de faire de moi un objet sexuel. Il m'a fait prendre de la drogue quand j'avais 16 ans et il a consacré plus de temps à me faire rencontrer des célébrités d'Hollywood qu'à me décrocher des contrats. Il fallait que je couche avec tous ces types. Mon agent disait que si je refusais, cela ferait du tort à ma carrière. Cette période est certainement la plus atroce de ma vie. J'avais l'impression d'être une putain de luxe. Je suis devenue accro et j'ai fait plusieurs dépressions nerveuses. Je me souviens qu'un jour, mon agent voulait faire affaire avec de riches Japonais. Ils m'ont fait venir à leur hôtel pour boire avec eux. Ils me servaient des screwdrivers composés de 95% de vodka et de 5% de jus d'orange. À la fin de la soirée, ils m'ont violée à tour de rôle dans la chambre. J'étais trop saoûle pour me rendre compte de ce qui m'arrivait. Le lendemain, quand je me suis réveillée, j'étais nue dans la pièce, et là j'ai compris. J'ai fait une dépression nerveuse et j'ai passé onze mois en hôpital psychiatrique. C'est ce qui a mis fin à ma carrière de mannnequin. »

Aujourd'hui, Connors vit seule en Caroline du Sud dans un immeuble tranquille. Elle travaille à temps partiel pour une compagnie de téléphone et a du mal à joindre les deux bouts. « À une époque, je gagnais plus de deux mille dollars par jour. Je n'aurais jamais cru que j'aurais un jour des problèmes financiers. Je me déplaçais en limousine et je fréquentais les restaurants les plus chics. Après ma dépression nerveuse, je me suis retrouvée pratiquement sans le sou et à la rue. Un ami a réglé mes factures d'hôpital et a eu la gentillesse de m'héberger un an dans son sous-sol. Quand je lis des articles sur des mannequins comme Kate Moss qui traverse presque exactement les mêmes épreuves que moi, je compatis. Et j'en conclus que rien n'a changé. Les gens qui dirigent la mode utilisent toujours leurs trucs éculés. Ils donnent aux mannequins des tonnes de drogue et les traitent comme des prostituées. Est-ce que ça s'arrêtera un jour? Il est temps que les mannequins se réveillent et se trouvent autre chose. Tant de jeunes gens vont gâcher leur vie comme je l'ai fait, avant même d'avoir vingt ans. »

La plupart des gens haut placés nient que la consommation de drogues soit aussi importante. Le patron d'une célèbre agence américaine prétend qu'il s'agit d'un mythe. « On a tendance à exagérer parce que ça fait les manchettes, dit-il, c'est un commerce normal où les postulants doivent passer une entrevue. Si on apprend qu'ils ont un gros problème de drogue, leur chance d'être engagés est nulle. D'autre part, si l'usage des stupéfiants était aussi grave qu'on le prétend, comment se fait-il que personne ne soit arrêté? Tout ça c'est de la calomnie. C'est une profession très respectable. »

Pour la plupart des mannequins interrogés, la réponse est simple : si les arrestations sont relativement rares, c'est grâce à l'argent, au pouvoir et aux relations. « Les mannequins et leurs agents appartiennent à un milieu très fermé qui ne nuit pas au public, dit un chroniqueur bien connu, Esmond Choueke, tant qu'on use de discrétion, on n'attire pas l'attention de la police ou des autorités. Les gens au pouvoir ne veulent pas passer pour des tortionnaires. Après tout, les mannequins sont les symboles de notre culture, nos héros et ce ne sont pas de minables fonctionnaires qui les feront tomber de leur piédestal. Chaque fois qu'ils s'en sont pris à des musiciens comme John Lennon ou Keith Richards, ils se sont retrouvés avec un oeil au beurre noir. On entend beaucoup parler de belles femmes qui détournent l'attention des policiers chaque fois qu'ils approchent de trop près du milieu de la mode. De plus, ils connaissent tous les trucs et sont capables de se protéger des regards indiscrets. »

L'ex-mannequin Rosa Frias accuse les agents et les couturiers d'étouffer l'affaire. En 1989, elle a été victime de son agent londonien qui a mis un somnifère dans son verre, l'a transportée dans son appartement de South Kensington et l'a violée. « Je suis passée par là et laissez-moi vous dire que les agents qui nient tout passent pour de vrais imbéciles. Va-t-on mentir encore longtemps? Il suffit d'avoir travaillé dans ce métier pour savoir. Ce n'est pas un secret. Chaque année, dans le monde, des mannequins sont violés, drogués, voire assassinés. Quiconque nie ce fait cherche simplement à se protéger. »

Frias dit qu'elle a voulu dénoncer son agent à la police, mais qu'on a acheté son silence après lui avoir fait des menaces. « Il savait que je pouvais le faire jeter en prison pour viol, mais avant que j'aie eu le temps d'appeler la police, il s'est pointé chez moi le lendemain avec un de ses associés et m'a offert 25 000 $ pour mon silence. J'ai accepté parce que j'avais peur. Je savais que si je ne me montrais pas coopérative, il m'arriverait quelque chose. Ça a été la fin de ma carrière de mannequin. » Déprimée par cet incident traumatisant, Frias dépense tout son argent dans l'année et se retrouve au bien-être social. Elle devient cocaïnomane et fait deux tentatives de suicide. « Je ne savais plus quoi faire, j'avais peur qu'on me tue si je me mettais à parler. Je l'ai vu. Sois belle et tais-toi, c'est tout ce qu'on vous demande. Si vous désobéissez, gare à vous! »

En 1997, Frias demande enfin de l'aide et décide de révéler au grand jour sa triste histoire. Elle participe à une étude documentaire sur le commerce des top models où elle dit tout sur la fameuse nuit où elle a été droguée et violée. Elle abandonne la drogue et épouse un agent de change britannique. « Je suis une des filles qui ont eu la chance de survivre et de reprendre le droit chemin. dit-elle, la plupart des mannequins qui ont vécu une histoire semblable à la mienne ne sont malheureusement plus là pour en parler. Aujourd'hui je n'ai rien à craindre. Je n'ai pas peur de raconter ce qui m'est arrivé et je serai satisfaite si mon histoire peut empêcher qu'une jeune fille se fasse violer. »

Selon un ancien mannequin de l'agence Elite, la seule force des patrons de cette industrie suffit à les intimider. «Les agents sont tous mesquins, malhonnêtes et traîtres. J'ai rarement rencontré quelqu'un dans ce milieu qui n'ait pas eu recours à des méthodes déloyales. Mon premier agent m'a violée à plusieurs reprises et m'a battue au moins à dix reprises. J'avais l'habitude de cacher mes bleus avec des couches de fond de teint. Un jour j'avais tellement de bleus que j'ai dû annuler une séance photos qui m'aurait rapporté 12 000 $. Quand mon agent l'a appris, il m'a battue à nouveau parce qu'il avait perdu de l'argent. Il ne supportait pas d'avoir perdu un gros contrat et m'a dit que si jamais j'annulais une autre séance, il n'hésiterait pas à me tuer. »

Un des trucs préférés d'un agent influent est de convoquer trois superbes filles dans son bureau, en même temps. Il leur dit qu'il n'a qu'une séance à offrir et qu'il doit choisir une des trois. Puis il demande à chacune des filles de lui faire une gâterie, fellation ou autre pour avoir le contrat. « Je suis partie quand je l'ai entendu expliquer son petit jeu minable, déclare un des mannequins qui a travaillé pour lui, le lendemain je suis allée voir un autre agent et maintenant je mets les filles en garde contre ce type. Mais je m'inquiète pour les filles qui se font prendre et qui restent avec lui. » Le mannequin a refusé de donner son nom pour ce livre et n'a pas porté plainte contre l'agent en question de peur d'être mise à l'index et de ne plus jamais avoir de travail. « C'est un type vraiment malade qui a beaucoup de pouvoir et quiconque s'attaque à lui a perdu d'avance. Il m'a vue à une soirée des mois plus tard et il m'a fait un petit clin d'oeil, comme pour dire « nous connaissons tous les deux mon petit secret, et nous savons tous les deux que tu ne peux rien faire. » Il a raison. Ce type est un vrai malade et je ne peux rien pour l'arrêter. »

Chapitre 9
PRINCE OU MAQUEREAU?

Jill Edwards est un ex-top model qui n'est pas tombé dans le piège des drogues et de l'alcool. Comme elle refusait de coopérer avec son agent, elle est aussi devenue une victime. Edwards, une noire californienne, aurait dû se trouver du travail sans problème mais quand elle atteint l'âge de 19 ans, personne ne l'engage plus. Elle a bientôt le sentiment que son monde s'écroule. Un jour de février 1998, elle monte sur le toit de son immeuble de neuf étages, un revolver sur la tempe, prête à se suicider. Suite aux plaintes d'un locataire qui a entendu des bruits de pas, le concierge monte et lui sauve la vie. « Je n'avais plus rien dans la vie à quoi me raccrocher, confie Edwards, on m'avait mise à l'index pour avoir défendu mes droits et on me laissait sans travail. Le bruit a couru que je n'étais pas coopérative comme les autres filles qui, elles, prenaient de la drogue et couchaient avec n'importe qui. Bref, je suis entrée dans la profession pour toutes les mauvaises raisons! Je respectais le travail de mannequin, je le considérais comme un art et je voulais devenir la meilleure. Chaque soir, en rentrant chez moi, j'étudiais les attitudes des plus célèbres mannequins et j'essayais de les imiter devant le miroir. J'ai vite compris que je rêvais. J'ai eu mon premier contrat à l'âge de 15 ans. Le photographe a essayé de me faire prendre de la cocaïne et un de ses assistants n'arrêtait pas de me courir après. Je suis rentrée chez moi en pleurant. Les quelques années qui ont suivi, j'ai vécu des dizaines d'incidents comme celui-ci. En pire. Les hommes qui travaillent dans ce milieu ont essayé de me violer, de droguer mes boissons et ma nourriture et m'ont proposé beaucoup d'argent pour coucher avec eux. Être mannequin a été le pire cauchemar qu'on puisse imaginer. Je crois que la moitié de ces gens sont des violeurs, des trafiquants de drogues et des criminels. Ce qui se passe en coulisse est absolument incroyable. »

Au début de 1999, Edwards consulte un psychiatre. Depuis, elle s'est inscrite en économie dans un centre universitaire et recommence à prendre goût à la vie. « Les blessures sont toujours là et il est possible qu'elles ne partent jamais mais je ne suis plus désespérée ni suicidaire. Tant que je reste en dehors du monde de la mode, je crois que je peux vivre une vie normale. Je sais que ça ne sera pas facile. Je conseille à tous les jeunes gens qui sont traités comme je l'ai été de quitter immédiatement la profession et de consulter des psychologues. Leur vie en dépend. »

Selon Edwards, rien ne changera tant qu'on ne dénoncera pas les horreurs qui se commettent dans ce milieu. Elle ajoute que ce n'est que lorsque le top model Jenny Shimizu a fait des déclarations lors d'une entrevue qu'elle accordait au *Giant Robot Magazine*, qu'elle a cessé de se sentir isolée. « Je n'ai jamais eu peur de dire ce que je pensais. La plupart des filles savent ce qui se passe mais elles font comme si de rien n'était. Dans ma famille, on dit la vérité. Tous les chroniqueurs de mode que j'ai contactés pour leur proposer mon histoire m'ont dit que ça ne les intéressait pas. Plusieurs journalistes sont des amis de ceux qui tirent les ficelles de l'industrie et quelqu'un comme moi dérange l'ordre établi. C'est pour ça que quand Jenny Shimizu a parlé, je me suis sentie soulagée. C'est un des top models les plus crédibles de la profession. Peu de temps après, des gens m'ont appelée pour me poser des questions. Je crois qu'on commence enfin à se rendre compte de ce qui se passe. »

Jenny Shimizu est d'origine japonaise et a été élevée à Santa Maria en Californie où elle travaille comme mécanicienne de motocyclettes. Un agent la découvre dans une boîte de nuit de Los Angeles. Portant un anneau au nombril et un tatouage au bras droit, Shimizu n'a rien du top model sophistiqué. Sa carrière démarre en flèche et en l'espace de quelques mois, elle gagne des milliers de dollars par jour et devient un des mannequins les plus connus au monde. Elle fait les magazines prestigieux comme *Vogue*, *Harper's Bazaar* et *Elle*. Elle présente aussi les collections des couturiers les plus célèbres comme Versace et Jean-Paul Gaultier. Plus important encore, Shimizu se fait remarquer en compagnie de plusieurs stars d'Hollywood comme Madonna. « Jenny Shimizu c'est un peu Cendrillon, dit le rédacteur de mode Terrance Young, elle fréquentait des mécaniciens et devient du jour au lendemain amie avec Madonna. » Elle connaît donc la célébrité mais elle ne tarde pas à se rendre compte combien le milieu de la mode est décevant.

Shimizu n'est pas du genre à se vanter. Chaque mannequin connaît selon elle son moment de vérité et la seule façon d'atteindre la gloire est de faire de nombreux compromis. Shimizu déclare que chaque fois qu'elle gagne beaucoup d'argent, il disparaît aussi vite. Elle accuse ses agents de lui voler des milliers de dollars. Après une série de mauvaises expériences à New York, elle réalise que le métier de mannequin n'est pas fait pour elle. Shimizu quitte la profession en 1998, retourne en Californie et monte une maison de production vidéo, Pandemonium Productions. Elle se rappelle son dernier gros contrat pour un calendrier Pirelli. « J'ai été payée 20 000 $ par jour. C'est beaucoup d'argent mais l'agence en prend aussi un très gros montant, et plus encore si ce sont des escrocs! On me doit encore de l'argent. Si j'ai un conseil à vous donner, c'est de ne pas laisser vos filles devenir mannequins. »

Dès sa première séance photos, Shimizu a des doutes sur la profession. Elle n'en revient pas de voir les mannequins consommer autant de drogue et d'alcool avant un défilé. « Tout le monde est saoûl mais la cocaïne détend, dit-elle, c'est un vrai fiasco et en même temps c'est incroyable de voir les filles performer sur le podium pour revenir à la fin du défilé et être... Comme je disais, la cocaïne détend. »

Shimizu a la chance de vivre à New York, dans un immeuble massif de Greenwich. Son loft rénové et spacieux avec foyer donne sur l'Hudson. La plupart des mannequins qui arrivent à New York n'ont pas cette chance et vivent souvent dans des conditions sordides. « J'ai rencontré des filles à New York qui sont obligées de vivre dans ces appartements pour mannequins dans des conditions souvent choquantes. D'abord elles paient des loyers exorbitants au propriétaire qui n'est autre que leur agence. Elles se disputent l'unique téléphone. Ça n'est pas bon de mettre dans un seul appartement autant de gens obsédés par leur image. Imaginez... un seul miroir pour cinq mannequins! Il y a des bagarres. Être mannequin, c'est chouette mais on se lasse vite de parler du look des autres ou de la quantité de coke qu'on a sniffée la veille. En fait, tout ce qu'on a besoin de dire c'est Johnny Depp, trois grammes... Je n'ai pratiquement pas mis un sou de côté et j'ai eu pas mal de démêlés avec les autorités. J'ai rencontré des ex-psychopathes et des gens criminels. »

Quand elles ne sortent pas, la plupart des filles passent leur soirée chez elles à se coiffer, à essayer de nouveaux maquillages, et à s'enduire de crèmes et de lotions. À en croire un mannequin, on ne lit pas beaucoup et la conversation vole bas.

Shimizu prétend que ce sont deux femmes rencontrées au travail qui l'ont escroquée. « La mère et la fille faisaient équipe. Enfin, je n'y pense plus, c'est du passé. J'ai décidé de mettre ça derrière moi pour me débarrasser de toute cette mauvaise énergie et je ne regrette pas de l'avoir fait. »

Après deux années intenses à New York, il est temps pour Shimuzu de revenir sur la côte ouest. Elle ne peut plus supporter ce monde d'escrocs et aspire à une vie normale. Une des choses qui la dérange le plus, c'est la pression permanente que lui impose son agence pour perdre du poids. Elle prétend que c'est ce qui l'a poussée à prendre de la drogue. « Suivre un régime spécial, ça veut dire être très malheureuse et maltraiter son corps. On ne mange pas beaucoup quand on passe son temps à sniffer et à sortir. »

Le départ de Shimizu laisse un grand vide. Elle est devenue un des top models les plus populaires des années 90 grâce à son allure masculine unique. Fin 1998, les agences affichent les profits les plus bas de ces dix dernières années, accusant une baisse de 50 pour cent par rapport à 1997. Cette baisse est attribuable dans une large mesure au départ de mannequins célèbres comme Shimuzu et Christy Turlington, la reine des défilés, qui décide de reprendre des études. « Ce sont les deux meilleurs mannequins qu'on ait jamais vus , dit un top model qui a travaillé pour Elite, elles se sont lassées du milieu. Je les comprends mais leur départ a terni

Top Models

l'image du top model. Les affaires marchent au ralenti. Les mannequins ne touchent plus les cachets exorbitants d'autrefois, les agences s'écroulent et les filles doivent travailler comme serveuses en attendant. Je crois que toutes les horreurs qui se passent dans ce métier ont fini par rattraper les responsables. Je ne peux qu'applaudir des filles comme Jenny Shimizu. Elle a sans doute contribué au ralentissement passager des affaires mais à long terme ses révélations courageuses font prendre conscience de la nécessité des changements à apporter. »

Chapitre 10

DÉFILÉS :
ATTENTION DANGER

À la fin de 1989, la carrière de Debbie Linden démarre et le jeune mannequin donne l'impression d'être la fille la plus heureuse du monde. Elle a fait ses débuts à 17 ans, a beaucoup travaillé, et à 29 ans, elle devient un des visages les plus célèbres de Grande-Bretagne en participant au Benny Hill Show. Hill dit qu'elle est une des filles les plus intéressantes qu'il ait connues. « J'ai travaillé avec tant de filles superbes au fil des ans mais Debbie est sans doute la plus sexy et la plus belle de toutes, déclare Hill au journaliste Ian Clarkson avant sa mort. Debbie est sensationnelle et elle a la tête sur les épaules. Elle est créative et très à l'aise devant les caméras. À mon avis, elle ira loin. »

Bennie Hill a vu juste. Linden devient une des « Page Three Girls » les plus connues de Grande-Bretagne et commence à faire un nombre incalculable de publicités pour la télévision et les magazines. Mais en 1993, ses ennuis personnels sont proportionnels à sa réussite. En 1995, elle a 34 ans et commence à trouver difficile de se maintenir au niveau des jeunes mannequins qui lui volent ses contrats. Elle a pris un peu de poids et trouve insupportable d'avoir à concurrencer des filles qui pèsent moins de cinquante kilos. Pour essayer de maigrir, elle se met à prendre des drogues dures. Elle se passe de nourriture régulièrement et endure des douleurs atroces en n'avalant qu'une bouchée de pain et une cuiller à thé de jus d'orange par jour. Son nouveau régime se compose de doses quotidiennes d'héroïne, de cocaïne et d'alcool. « Debbie a finalement atteint le niveau qu'elle s'était fixé, et dès qu'elle a connu la célébrité, son univers a volé en éclats, commente Evan Baker, un mannequin ami de Linden. C'est vraiment triste parce qu'elle avait un talent fou, et voulait tellement réussir. Cette industrie a de telles exigences! Vous pouvez gagner des sommes folles, elle vous épuise et vous déprime. »

Linden garde espoir de régler ses problèmes mais c'est malheureusement l'inverse qui se produit. Un jour, son agent lui répète des bruits qui courent sur son compte, comme quoi elle est trop vieille mais refuse de prendre sa retraite. Elle a souvent dit qu'elle voulait arrêter mais qu'elle ne savait rien faire d'autre. C'est un dilemme auquel sont confrontées bien des filles qui ont commencé jeunes. Elles ne savent plus quoi faire une fois que leur tour sur le podium est passé. Plusieurs n'arrivent pas à le supporter. Durant les quinze mois qui suivent, Debbie s'étourdit de drogues, de sexe et d'alcool. Elle dépense tout son argent dans des soirées et dépense des milliers de dollars par semaine en drogues dont la variété est ahurissante. Elle frôle la mort une bonne dizaine de fois mais le destin semble de son côté jusqu'à cette soirée pluvieuse d'octobre 1997.

Ce soir-là, elle et son copain Russell Ainsworth âgé de 27 ans fêtent jusqu'aux petites heures. Il a invité plusieurs amis dans son domicile de Kingston dans le Surrey. Au menu : champagne et héroïne. Pour Ainsworth, c'est une fête comme les autres. Pourtant cette fois, les choses vont trop loin. Ainsworth, qui est un toxicomane de longue date, encourage Linden à s'injecter une dose massive. Quelques instants après, elle s'effondre; elle a les lèvres cyanosées. Au milieu des cris et de la panique, Ainsworth et ses amis tentent désespérément de la sauver. En vain. Quand l'ambulance arrive, Linden est cliniquement morte et peu de temps après, on la débranche. Son décès est un des plus publicisés du milieu, Ainsworth est accusé d'homicide involontaire, il est accusé d'avoir injecté la dose fatale dans le bras de Linden. Il plaide non coupable.

« Russell est un des hommes les plus dingues que j'ai connus, confie une amie intime, il est sorti avec des femmes superbes et il a consommé les drogues les plus coûteuses qu'on puisse imaginer. Il n'y avait rien à son épreuve. Une fois on s'est gelés chez lui et on a passé trois jours au lit à essayer des drogues. Il est vraiment capable de tout. »

Onze mois après la mort de Linden, Ainsworth proclame son innocence au juge de l'Old Bailey et au jury. Il dit que Linden l'a encouragé à acheter de l'héroïne et qu'elle se l'est injectée sans l'aide de personne. Quand on rend le verdict, Ainsworth est acquitté des charges d'homicide involontaire et condamné à deux ans et demi de prison pour avoir fourni de l'héroïne. Le juge Gerald Gordon dit que Ainsworth et ses amis ne sont pas responsables parce qu'ils ne se sont pas rendu compte qu'ils « jouaient avec la mort ». « Je souhaite que les nombreuses tentatives qui sont faites pour empêcher les gens de prendre de la drogue soient plus efficaces, et le juge d'ajouter, j'espère que ce jugement aura un effet dissuasif. La mort de Mademoiselle Linden vient nous rappeler avec force que les toxicomanes vivent dans un monde malheureux. »

Partout dans le monde, les mannequins protestent violemment contre la sentence que l'on trouve trop clémente. « Debbie Linden est une victime de son propre succès, déclare le mannequin suédois Karin Bromberg qui a travaillé une fois avec Linden, dans ce milieu il y a énormément de tragédies et les criminels s'en tirent. Debbie Linden ne serait jamais devenue toxicomane si elle n'y avait pas été forcée. Y a-t-il un autre commerce qui donne à ses employés l'impression d'être fichus et inutiles à l'âge de 30 ans? Russell Ainsworth n'est peut-être pas le seul qui devrait être accusé d'homicide involontaire. Il y a tous ces types grossiers qui dirigent et qui n'ont cessé d'encourager Debbie à prendre de la drogue. Ce sont eux qu'on devrait envoyer en prison. J'ai vu ce scénario se répéter je ne sais combien de fois. Dès que les filles commencent à avoir du succès, elles deviennent la cible des abuseurs qui leur offrent de la drogue et de l'alcool. Debbie Linden serait encore en vie s'il y avait dans ce milieu quelqu'un pour prendre soin des mannequins, une sorte de policier qui élimine toutes les saloperies que nous sommes obligées de supporter. Tant que rien ne sera fait dans ce sens, il y aura hélas d'autres filles qui finiront comme Debbie. »

Jack Dolman devient l'ami de Linden alors qu'il travaille au club Wag, une boîte branchée située dans Wardour Street où elle a l'habitude de faire la fête. Dolman dit qu'elle est le mannequin le plus gentil qu'il ait rencontré. Ils deviennent amis et le demeureront pendant des années. Selon lui, elle est victime de sa chance. Il est furieux qu'on l'ait aussi mal traitée la dernière année de sa vie. Dolman reproche aux agents d'avoir ruiné sa carrière. « Elle a réussi, et après les gens étaient après elle comme des sangsues. C'était une fille adorable et son entourage en a profité. Si elle avait eu la force de résister à ces démons, elle défilerait encore sur le podium et gagnerait beaucoup d'argent. Depuis la mort de Debbie, j'ai perdu tout respect pour l'industrie des mannequins et du spectacle. Aucun de ses collègues n'a tenté de la sauver. Tout ce qu'ils voulaient, c'était l'exploiter et lui soutirer un maximum d'argent jusqu'à sa mort. »

Chapitre 11
« HÉ, LA NÉGRESSE... »

Naomi Campbell attend dans les coulisses d'un défilé de Gianni Versace en feuilletant le magazine *Vanity Fair*. Soudain, sa meilleure amie Kate Moss passe devant elle en coup de vent, suivie des équipes de MTV et du « Today Show » de NBC. Chacun est suspendu à ses lèvres, les caméras braquées sur elle captent le moindre de ses gestes. C'est à ce moment que Moss surprend l'air déconfit de Campbell et qu'elle passe à l'action.

« Pourquoi n'interviewez-vous pas Naomi? » demande-t-elle aux journalistes, « on ne peut interroger qu'une seule personne », dit le journaliste de MTV. Moss insiste pour qu'on interviewe Naomi à sa place. « Désolé, lui répond le cameraman de NBC, nous avons interviewé Veronica Webb il y a un mois et on ne peut pas dire qu'elle s'exprimait très bien. Je ne veux pas avoir l'air raciste mais nos téléspectateurs préfèrent voir des mannequins blancs. Pouvez-vous nous accorder quelques minutes, Kate? »

Moss est tellement écoeurée de l'attitude des cameramen qu'elle les menace de ne plus jamais collaborer avec eux. « Ce sont les gens comme vous qui créent les tensions dans le monde, déclare-t-elle aux membres de l'équipe, foutez le camp d'ici ou j'appelle les agents de sécurité. »

Quand Naomi Campbell fait ses débuts, adolescente, elle essaie de ne pas se laisser insulter par le milieu de la mode qui exclue totalement les noirs. Elle tente de faire face au racisme de l'industrie avec force, grâce et persévérance. Elle est

Top Models

intelligente, charmante, et elle sait s'exprimer. Elle est aussi une femme noire dans un monde de blancs. Parfois certaines de ses collègues refusent de s'asseoir à côté d'elle dans l'avion qui les conduit en Europe, ou refusent de partager une chambre avec elle en Australie. Malgré cela Campbell garde son sang-froid et marche la tête haute. Elle parle rarement en public de l'ignorance à laquelle elle doit faire face tout en continuant à travailler.

« Naomi est la Jackie Robinson des podiums, a dit un jour le légendaire Gianni Versace, c'est une vraie professionnelle qui sait encaisser les coups. Elle ouvre ainsi les portes pour d'autres mannequins noirs. On peut dire que chaque mannequin noir qui a du travail aujourd'hui, le doit à Naomi. »

Campbell, née en 1970, a grandi à Streatham, dans South London. Elle a été élevée par sa mère Valerie qui était un mannequin et une danseuse respectée dans les années 60 et 70. Valerie Campbell sait depuis toujours que sa fille est destinée à faire carrière dans le spectacle. Elle a travaillé dur pour envoyer Naomi dans une école de danse, et à l'Italia Conti, une école de théâtre internationalement reconnue. « Toute petite, Naomi s'intéresse aux arts. Elle adore le théâtre londonien et rêve de devenir une actrice. Elle était talentueuse et dynamique et je voulais l'aider à réaliser ses rêves », se souvient sa mère.

Adolescente, elle se promène souvent dans le quartier de Covent Garden dans l'espoir d'apercevoir les acteurs les plus célèbres d'Angleterre. La jeune Naomi regarde les marquises des théâtres et rêve d'y voir un jour son nom. C'est Beth Boldt de l'agence Elite qui la découvre, flânant dans ce quartier de Londres célèbre pour ses théâtres, ses amuseurs de rue et sa vie nocturne animée. Boldt dit qu'à la seconde où elle la voit, elle sait qu'elle vient de découvrir une superstar. « J'aperçois cette fille à l'allure étonnante, unique. Je la suis un moment pour voir comment elle bouge, je la rattrape et lui demande si elle veut être mannequin. Elle a dit oui et voilà! J'étais impressionnée non seulement par son physique mais aussi par sa politesse et son intelligence. On découvre tellement de filles qui n'arrivent pas à percer. Dans un métier aussi dangereux et imprévisible que celui-ci, il est très difficile de prédire qui aura du succès. Dans le cas de Naomi, j'ai tout de suite senti qu'elle connaîtrait la célébrité. »

En 1980, Campbell passe à l'histoire en devenant le premier mannequin noir à faire la couverture du *Vogue* français. Il faut bien dire que ça ne s'est pas fait tout seul car l'équipe de rédaction craint de choquer ses lecteurs. Après un débat houleux, *Vogue* décide d'aller de l'avant, et espère ainsi créer un événement qui fera grimper les ventes. « Beaucoup étaient contre, raconte un des patrons du magazine, le siège social de New York nous mettait une pression énorme parce qu'ils voyaient ça comme un ballon d'essai, pour tester la réaction du public. Finalement nous décidons de mettre Naomi en page couverture et il s'avère que c'est le meilleur coup que nous ayons fait. Le numéro est immédiatement épuisé et dans le monde de la mode on ne parle que de Naomi. Si elle n'avait pas fait cette page couverture, il est probable qu'il n'y aurait pas autant de mannequins noirs aujourd'hui. On peut dire qu'elle a ouvert la voie. Les mannequins noirs ou provenant de minorités visibles attirent soudain l'attention dans une industrie dominée jusqu'à présent presque exclusivement par des blancs. »

Peu de temps après, Campbell est sollicitée par tous les grands magazines. Elle fait bientôt la

133

couverture du *Elle* britannique, du *Vogue* américain et on fait appel au légendaire Steven Meisel pour la photographier. Campbell est considérée comme le produit le plus recherché du monde de la mode et se classe parmi les trois top models du monde. « C'est arrivé si vite, déclare le journaliste de mode Nelson Ethier, un véritable conte de fées! C'est vrai que certains mannequins comme Iman ont fait parler d'eux avant mais aucun n'a connu le même succès fulgurant, ni ouvert la voie comme Naomi l'a fait.. »

Naomi est adulée et a des fans comme les stars rock ou les membres de la famille royale. Non seulement elle fait tomber toutes les barrières raciales, mais les vêtements qu'elle présente comptent parmi les plus osés et les plus provocants. Au vingtième siècle, personne n'aura révolutionné la profession de mannequin comme Naomi Campbell.

Très vite, elle devient une des cibles préférées des tabloïds qui publient toutes sortes d'histoires abracadabrantes sur sa vie privée. Le public est avide de détails croustillants sur ses liaisons avec des hommes célèbres comme Mike Tyson, l'ex-champion poids lourd, l'acteur Robert De Niro ou Adam Clayton du groupe U2. Les media ne la ratent pas. Ils la guettent 24 heures sur 24 pour faire un papier. « Je campais dans sa rue en attendant qu'elle sorte, dit le journaliste Bert MacFarlane du *Globe*, une vraie frénésie. Naomi n'essaie pas de cacher quoi que ce soit. On a vu des types comme De Niro sortir de son appartement à 5 heures du matin. Le rêve! Naomi est très douée. Même quand on la surprend dans une situation embarrassante, elle joue le jeu devant les photographes. Au début de sa carrière, c'était un vrai cadeau pour les journalistes. Chaque fois qu'on m'envoyait faire un papier sur elle, je savais que ça se passerait merveilleusement. Avec Naomi, il y avait toujours quelque chose d'excitant à raconter. »

Campbell fait ce qu'elle veut des journalistes et ses déclarations provocantes lui assurent une visibilité de premier plan. Elle évite cependant de répondre aux questions à connotation raciale.

Une question revient constamment : Naomi aime-t-elle sortir avec des hommes blancs? Au journaliste — blanc en l'occurrence — du tabloïd anglais *News Of The World* qui ne semble pas avoir autre chose à lui demander lors d'une conférence de presse new-yorkaise, elle lance : « Avez-vous déjà couché avec une femme noire? » ce qui lui vaut un tonnerre d'applaudissements. Elle ajoute : « Quelle importance? On vient tous du même endroit. »

Campbell adore la controverse. Tant que le public et la presse discutent de l'image qu'elle a si divinement façonnée, ça lui fait une publicité monstre. « Quand je prendrai ma retraite, les gens me respecteront pour tous les mauvais traitements que l'on m'a infligés ». Elle ajoute : « Certains des plus grands leaders comme Ghandi et Martin Luther King ont supporté les injustices souvent en se taisant. Moi aussi je me fais insulter mais j'ai la chance de gagner de l'argent à la tonne. »

Le pire c'est quand on lui refuse la couverture de certains magazines à cause de la couleur de sa peau. Elle prétend que ce genre d'attitude venant de la part de directeurs de magazines de mode prestigieux lui auraient coûté des millions de dollars en publicité. « La plupart n'ont jamais entendu parler du mot intégration. On se croirait dans le Sud profond des États-Unis ou en Afrique du Sud en plein apartheid », dit-elle.

En mars 1998, Campbell lance l'idée d'une séance photos pour *Harper's Bazaar* à Cuba, et elle s'envole en compagnie de Kate Moss et du photographe Patrick Demarchelier. Les filles font la

Top Models

fête avec Leonardo DiCaprio, un ami intime de Moss qui a décidé de les rejoindre sur un coup de tête. Pendant les trois jours que dure son séjour, DiCaprio offre aux filles de somptueux repas au champagne.

À en croire Demarchelier, Campbell est assurée de faire la couverture du numéro de mai sinon en solo, du moins avec Moss. Peu de temps avant la sortie du magazine, Campbell doit se rendre à l'évidence : elle n'est pas en couverture et ça la met hors d'elle.

« Les photos étaient superbes et je suis toujours contente de voir une de mes amies intimes faire la couverture, déclare-t-elle, mais après toutes ces années, je pensais qu'on avait un peu plus évolué dans le domaine de la diversité ethnique. »

Quand on regarde les couvertures de la plupart des magazines de mode de l'année dernière, il faut bien reconnaître que les progrès sont minces. Malgré toutes les bonnes intentions, on n'arrive toujours pas à faire passer l'idée qu'il existe différents critères de beauté de par le monde.

Ce n'est certainement pas la première fois que Campbell se trouve exclue à cause de la couleur de sa peau. Dans le *Vogue* de mai 1996, on peut voir une double couverture dépliante. Niki Taylor apparaît côté face, tandis que Naomi est soigneusement cachée à l'intérieur. Au départ, c'est l'inverse qui était prévu mais un des directeurs du magazine ne démord pas de l'idée que parce qu'elle est noire, Campbell ne fera jamais vendre autant d'exemplaires que Taylor.

Anna Wintour du magazine *Vogue* écrit une « Lettre de l'éditeur » dans le numéro de juillet 1997 qui met en couverture un mannequin noir, Kiara Kabukuru. « La couleur de la peau (ou des cheveux) d'un mannequin en couverture a une incidence spectaculaire sur les ventes en kiosques.

« Hé, la négresse... »

Même s'il est rare qu'un numéro de *Vogue* aille à l'imprimerie sans qu'un ou plusieurs mannequins noirs figurent bien en vue à l'intérieur, il faut bien admettre que ces mannequins font moins souvent la couverture de *Vogue* que bon nombre d'entre vous, et moi même, le souhaiterions. »

Campbell commente : « C'est vrai qu'à l'occasion on en voit et qu'on commence à s'intéresser plus aux noirs et aux autres minorités visibles. Mais le problème est beaucoup plus grave. Il n'y a pas d'éditeurs, de couturiers ou d'agents noirs et quand on arrive en fin de carrière, on n'a nulle part où aller, contrairement aux mannequins blancs qui se trouvent toujours du boulot. »

Les yeux fixes, Campbell répète à mi-voix : « Ils vont y arriver, vous verrez, ils vont y arriver. »

Aujourd'hui encore de nombreux photographes et directeurs de magazines prestigieux reconnaissent qu'ils préfèrent voir en couverture un mannequin blanc plutôt qu'un mannequin noir. « C'est logique, dit un ancien directeur de *Elle Magazine*, tous ceux qui investissent dans l'industrie de la mode sont blancs. C'est un fait. À mon avis, les mannequins noirs devraient se créer un marché à eux en posant uniquement pour des magazines destinés à la population noire, un peu comme l'a fait Ebony pour les artistes noirs. Je ne suis pas raciste mais il faut s'incliner devant l'économie et ne pas mélanger les pommes avec les oranges. »

C'est ce genre d'attitude qui enrage les spécialistes des rapports interethniques. « Tant qu'on ne laissera pas tomber cette histoire de couleur de peau, on continuera à vivre dans une société injuste, déclare le sociologue sud-africain Chengiah Ragaven, dans le domaine du sport et du divertissement, il existe une forme subtile de racisme dont il faut parler. On préfère avoir des visages de blancs plutôt que des visages de noirs sur les affiches et dans les pubs. Tout ça vient d'un manque d'éducation. La société a besoin de voir représentés des visages de toutes les origines. Il est injuste de dire que les blancs ne peuvent pas s'intéresser aux noirs et vice versa. C'est absurde. Il existe de nombreux blancs qui peuvent se sentir concernés par Naomi Campbell et Muhammad Ali et de nombreux noirs qui peuvent se sentir interpellés par John F. Kennedy ou Marlon Brando. Tant qu'on ne se débarrassera pas de ces stéréotypes rien ne changera. Notre société ne pourra pas progresser et les gens continueront à vivre dans une société où règne la ségrégation raciale.

Le succès de Naomi Campbell ouvre la voie à plusieurs autres top models noirs, dont Tyra Banks. Cette dernière qui a été découverte à Los Angeles quand elle n'était encore qu'une adolescente maigre aux jambes interminables, commence à poser pour aider sa famille financièrement. À l'origine, elle se voit refuser par cinq agences qui trouvent qu'elle a une drôle de démarche. « La sixième me prend mais je suis prévenue : je ne ferai que des défilés parce qu'on ne me trouve pas assez jolie pour faire des photos, dit Banks. Elle est inscrite en scénarisation et en réalisation à l'université et doit commencer ses cours lorsque la chance lui sourit. Un agent la découvre et lui offre sur le champ un contrat d'un an à Paris. Son premier engagement est une couverture de magazine et elle enchaîne cette saison-là avec vingt-cinq défilés. C'est énorme si l'on considère que la moyenne pour une nouvelle venue ne dépasse pas cinq ou six défilés. « Je travaillais autant que les meilleures, sauf qu'elles se déplaçaient toutes en limousines alors que moi je prenais le métro. J'étais épuisée mais je continuais parce que je ne voulais pas que mon père se ruine à me payer des études. »

Malgré sa chance, Banks dit qu'elle doit faire face au même problème que les autres mannequins noirs. Elle comprend très vite que pour durer dans un métier où les gens ne se cachent même pas d'être racistes, elle devra apprendre à faire semblant de rien. « Je n'aurai peut-être pas autant de contrats de couverture qu'une blonde aux yeux bleus mais quand je fais une couverture, il faut multiplier par dix, parce que tout le monde le remarque! »

Le plus gros handicap que Banks ait à surmonter au cours de sa carrière ne vient pas de là mais du fait que les media ne cessent de la comparer à Naomi Campbell. En juillet 1997, à New York, Banks trébuche et tombe lors de la campagne publicitaire pour Cover Girl. Immédiatement les gens de la presse et du milieu font le rapprochement avec la célèbre chute de Naomi en hauts talons, lors d'un défilé Vivienne Westwood. « Tyra a fait un "Naomi" », dit-on. « Si c'était un mannequin blanc qui tombait, personne ne la comparerait à Naomi Campbell, déclare le conseiller en relations ethniques Timothy Adams, mais du fait que Tyra est noire, on s'est empressé de le faire même si physiquement elles n'ont rien en commun. Seuls des gens sans éducation commettent ce genre de gaffe. Il est clair que dans ce milieu il y a encore beaucoup d'ignorance et qu'il faudra faire de gros efforts. Dans le monde du spectacle, plusieurs ont fait des pas de géants. C'est le cas des industries du film et de la musique. Mais il est clair que le monde de la mode accuse un énorme retard. »

Les comparaisons et la compétition montée en épingle par les media et le public entre Banks et Campbell ont créé une tension entre les deux top models. Campbell ne recule devant rien pour garder ses distances et elle n'apprécie pas du tout que dans les magazines et les journaux on fasse référence à Banks comme à « une version plus jeune de Naomi ». On rapporte que Campbell a exigé qu'on écarte Banks d'un défilé de Lagerfeld par crainte que les media ne les comparent encore. Banks est furieuse et quitte Elite, leur agence à toutes deux. « Naomi devient amère quand on la compare à Tyra Banks, de déclarer un ancien amant de Campbell, elle se fait un point d'honneur de prendre ses distances par rapport à Tyra. Elle ne supporte pas la comparaison parce que la seule chose qu'elles aient en commun, c'est la couleur de leur peau. Je comprends Naomi, d'autant plus que Tyra est encore jeune et très compétitive. La carrière de Tyra et celle de Naomi ne se comparent tout simplement pas. Naomi est une légende vivante, c'est un des top models les plus fantastiques que la mode ait connus. »

Lorsqu'elle est en public, Banks refuse tout commentaire mais en privé, elle est loin d'apprécier la façon dont Campbell la traite. D'après un top model qui a travaillé avec elle, Banks a l'impression que Campbell se conduit parfois comme une petite fille gâtée qui discrédite la profession. « Tyra est blessée par l'attitude de Naomi. Elle n'arrive pas à comprendre pourquoi Naomi a autant de ressentiment à son égard. Je la comprends parce que Tyra n'est pas du genre à se montrer désagréable. Tous ceux qui l'ont rencontrée l'aiment et la respectent. Naomi commet une erreur en la critiquant. Elle est peut-être dépitée parce que Tyra l'a prise par surprise ces dernières années en décrochant des contrats de photos prestigieux. C'est sûr qu'avant, Naomi était la reine incontestée alors qu'aujourd'hui elle doit faire de la place à Tyra et à d'autres jeunes mannequins noirs. »

Cette tension raciale a comme effet salutaire de rassembler les membres de l'industrie de la mode issus des minorités visibles qui tentent de se défendre en opposant une résistance accrue à leur ennemi commun : une industrie à la blancheur immaculée qui ne veut pas reconnaître leur dynamisme. Les minorités visibles vivent une situation critique et on ne peut pas accepter la violence avec laquelle certains blancs influents s'en prennent à l'intégration. Comme c'est toujours le cas quand on forme une élite, ceux qui tirent les ficelles font tout pour protéger et maintenir leur statut privilégié. Avant qu'une maladie ne l'oblige à ralentir, le couturier Harold Taylor partageait son temps entre Londres et Miami et sa propriété de trois millions de dollars en Californie du Sud. Taylor est un couturier de grand talent. C'est un des couturiers indépendants les plus novateurs d'Amérique du Nord. Au faîte de sa carrière, au milieu des années 80, Taylor n'est pas chaud à l'idée d'engager des mannequins autres que blancs. Chaque fois qu'un agent lui présente la carte composite d'un mannequin noir ou non blanc, Taylor répond que ça ne l'intéresse pas. « Je ne suis pas raciste, je suis un homme d'affaires. J'ai beaucoup d'amis qui ne sont pas blancs. Quiconque me traite de raciste fait fausse route. Le fait est qu'avec mes modèles je vise la haute bourgeoisie blanche. Quel intérêt aurais-je d'engager un mannequin noir? Quand on est en affaires, il est crucial de connaître son marché. Pourquoi engagerais-je un mannequin noir quand tous mes clients sont blancs? C'est un peu comme faire de la publicité pour un restaurant qui sert des spécialités du Sud des États-Unis pour un groupe d'hommes d'affaires blancs. Ça n'a aucun sens. »

Sandra Boyd, un mannequin noir originaire de Floride s'est déjà fait dire, alors qu'elle offrait ses services à Taylor, qu'elle était « trop paresseuse, comme tant de gens de couleur ». Boyd le menace de le poursuivre pour discrimination raciale. « Je n'avais pas assez d'argent pour l'attaquer en justice. Les honoraires de mon avocat auraient été trop élevés. Je ne gagnais pas beaucoup à l'époque et même si j'avais déjà entendu pire, les paroles de M. Taylor m'ont profondément blessée. Il y a tellement de gens racistes dans ce milieu! Qu'est-ce qu'ils croient? Qu'on est encore au dix-neuvième siècle? », déclare-t-elle.

Le plus choquant de l'histoire, c'est que Taylor ne dément pas l'histoire de Boyd. « Elle insistait beaucoup et me cassait les pieds, explique-t-il, au début je lui ai dit poliment que je n'avais pas l'intention de l'engager. Alors elle s'est mise à me harceler. J'ai dit des choses que je regrette pour m'en débarrasser parce que c'était vraiment une plaie. Si elle prétend que je suis raciste, c'est de la calomnie et je la poursuivrai en diffamation. Je n'engage pas de mannequins noirs pour les raisons que j'ai dites mais ça ne m'empêche pas d'avoir de nombreux amis noirs. Eux peuvent témoigner que je n'ai rien d'un raciste. »

Pour la nouvelle ligne de vêtements de sport Fubu, la nouvelle tendance est exactement l'inverse. Un porte-parole de Fubu explique que la compagnie doit son succès au fait que les couturiers noirs qui en sont les fondateurs ont bien fait comprendre au public qu'il s'agissait d'une compagnie essentiellement afro-américaine. Ils ont choisi le nom, un acronyme de *For Us By Us* (Pour nous, par nous) pour qu'il n'y ait aucun doute : FUBU est une compagnie noire qui fait d'abord affaire avec la communauté noire. Les blancs, les Portoricains et toutes les autres nationalités, ont vite compris et les ventes ne cessent de grimper. L'autre ligne, Willie Esco, a elle aussi été lancée par des couturiers appartenant à une minorité hispanique cette fois, et leurs modèles novateurs ont attiré l'attention de l'Amérique blanche. Un autre aspect complètement fou est que la communauté syrienne juive du quartier King's Highway de Brooklyn à New York crée un nombre ahurissant d'entreprises qui lancent des marques prestigieuses à travers le monde. Beaucoup de gens n'en reviendraient pas d'apprendre que les modes qu'ils attribuent à des couturiers blancs d'Europe ou d'Amérique du Nord viennent de créateurs issus des communautés minoritaires. Si l'on en croit le sociologue Edward Farr, à l'avenir, les maisons de couture et les compagnies de publicité feraient bien de s'intéresser aux mannequins des minorités s'ils veulent avoir un impact dans la société. « Le concept du mannequin blanc immaculé est mort et enterré, il s'agit d'une industrie où l'intégration s'est faite plus lentement que dans le reste du monde. Mais la tendance change. Les gens commencent à en prendre conscience et boycottent les marques qui n'engagent que des mannequins blancs. S'ils ne montrent pas une plus grande ouverture d'esprit, ils devront fermer boutique. La société d'aujourd'hui est plus instruite et il est hors de question de tolérer des attitudes racistes à l'aube du nouveau millénaire.

Chapitre 12
ON VEND TOUT

Comme dans le film « Proposition indécente », des petites amies ou des épouses originaires des États-Unis ou d'autres pays reçoivent ce genre de propositions de cheiks arabes qui obtiennent généralement ce qu'ils veulent. Les invitées sont des mannequins, des actrices - ou des jeunes femmes qui rêvent de le devenir, qui seront pendant quelques jours les « hôtesses » de galas organisés à longueur d'année dans de somptueux palais. Quand les maris ou les petits amis apprennent que la somme promise peut atteindre ou dépasser les 100 000 $ par semaine, ils finissent par accepter.

À en croire un agent new-yorkais, plusieurs agences sont payées pour convaincre les filles de sortir avec des cheiks arabes. Leur commission peut atteindre dix fois le montant que les filles reçoivent pour une séance photos ordinaire. En une seule année, cet agent dit avoir reçu une cinquantaine de demandes. Il ne retient que les offres au-dessus de six chiffres. « Il m'est arrivé de toucher une commission de 40 000 $ en liquide pour avoir envoyé notre top model. Si je vous révélais son nom, vous n'en reviendriez pas, c'est un des top models les plus célèbres au monde! On l'a payée 120 000 $ en liquide pour divertir un émir du pétrole pendant une semaine. Elle dit que c'est l'expérience la plus folle qu'elle ait connue et m'a confié avoir eu des rapports sexuels tous les soirs avec le client en question. Des mois plus tard, après qu'elle ait fait les magazines *Vogue* et *Harper's*

Bazaar, elle a recommencé l'expérience, en étant mieux payée cette fois... Des hommes d'affaires du monde entier m'appellent pour louer les services de certains mannequins. Je fais ma petite enquête, je m'assure qu'ils sont sérieux et qu'ils ont vraiment l'argent avant même de demander au mannequin de partir. Les offres en-dessous de 100 000 $ sont automatiquement rejetées. C'est une perte de temps et c'est trop risqué. Tant d'agents se font avoir! Une fois qu'ils ont envoyé les filles, il est trop tard pour se lamenter si les choses tournent mal. Moi je demande 50 pour cent d'avance et en liquide et je m'assure que le mannequin touche le restant dès son arrivée à l'aéroport. »

La réalité qui attend les mannequins est la plupart du temps très différente de ce à quoi elles s'attendaient. Premièrement, elles ne sont jamais au courant qu'elles devront avoir des relations sexuelles avec leur client. Elles ne tardent pas à découvrir la vérité. Le scénario type est le suivant : dès que l'avion atterrit dans le pays étranger, on les conduit dans des palaces et on les installe dans des suites luxueuses. Le personnel de l'hôtel répond au moindre de leurs désirs. Coiffeurs, manucures, masseurs et esthéticiennes, toilettes luxueuses de grands couturiers, le moindre de leurs désirs est exaucé.

Mais bien vite tout change. On commence par leur faire passer une « visite médicale » aussi humiliante qu'inattendue. Conduites dans le bureau d'un gynécologue, elles doivent subir un examen pour vérifier qu'elles n'ont aucune maladie transmise sexuellement. Cette visite leur donne une petite idée de ce qui les attend dans les semaines à venir. Elles comprennent alors qu'on les a engagées pour satisfaire les besoins sexuels de leur client.

Certaines se souviennent avoir été prises de tremblements de peur la veille et l'avant-veille du

L'auteur Ian Halperin enquête incognito en se faisant passer pour un mannequin. (En haut à droite) Halperin lors d'un essai photo pour la ligne sport de la maison FUBU. (En bas à gauche) Halperin dans le bureau de Beverly Hills de l'agence Elite met la main sur de nombreux documents confidentiels. (En bas à droite) Un exemple de la façon dont Halperin découvre que les agences placardent illégalement les cartes composites de leurs mannequins dans la ville.

Linda Evangelista est considérée par beaucoup comme la reine incontestée des défilés. (En bas) Linda avec ses amies mannequins Naomi Campbell et Kate Moss

Les coulisses de la gloire: (à gauche) Kate Moss. (À droite) Veronica Webb. (En bas) Stephanie Seymour

(À gauche) Capucine a été le mannequin des Français pendant des années. (À droite) Mannequin portant une création de la styliste allemande Anna Montmann avec route et petites voitures. (En bas) Twiggy fait sensation dans les années 1960. On la voit ici à l'hôtel Ritz de Londres accompagnée des mannequins Monique (à gauche) et Charlotte (à droite) toutes trois portant des collants Twiggy.

(À gauche) Veruschka. (À droite) Madonna. (En bas) Cheryl Tiegs fête avec Vitas Gueralitas. Ces trois symboles de la mode ont aidé à révolutionner l'industrie.

Les détracteurs du président de l'agence Elite, John Casablancas, l'ont accusé de malhonnêteté. On ne peut nier qu'il est l'agent de mannequins le plus célèbre. (En bas) Claudia Schiffer en compagnie de Karl Lagerfeld. Naomi Campbell rit avec son mentor Gianni Versace aujourd'hui disparu.

Esther Canadas en Valentino lors
d'un défilé parisien

Flynow C. lors de la « London
Fashion Week »

Irina Panteva en Dior lors d'un
défilé parisien

Niki Taylor, soeur de Krissy décé-dée
tragiquement le 2 juillet 1995.

Claudia Schiffer et le magicien David Copperfield ont été ensemble pendant des années. Carla Brunni s'amuse avec la vedette pop Robbie Williams lors de la remise des prix de MTV. (En bas) Elle MacPherson et Tim Jeffries partagent un instant torride sur la banquette arrière d'une limousine.

jour où on les appelait. Ce qu'elles prenaient pour une bonne blague quelques semaines auparavant devient tout à coup terriblement sérieux. Elles se retrouvent sans recours, totalement isolées dans un pays étranger. Pendant leur nuit d'insomnie, elles pensent à leur conjoint ou à leur copain qui les attend en Amérique. Pour certaines d'entre elles, c'est la première fois qu'elles couchent avec quelqu'un d'autre, et de temps en temps, une vierge fait partie de la tournée : c'est la « prime ».

« Certaines filles prennent ça à la légère, elles sont tout excitées d'être là et se moquent éperdument d'offrir leurs services à des étrangers », rapporte un des top models à son retour, mais la majorité d'entre nous en était malade. On nous avait pris nos passeports et nous n'étions pas dupes. Nous savions que nous n'étions pas libres de nos mouvements. Quand on fait un pacte avec le diable, il faut aller jusqu'au bout. »

L'alcool coule à flots et chaque soir une limousine grand luxe les conduit dans les discothèques les plus chics. Des hommes bien habillés discutent entre eux pendant toute la soirée, les examinant très attentivement jusqu'à ce qu'ils procèdent à la distribution. Un aide ou l'hôte en personne s'approche de la femme qu'il a choisie et lui fait comprendre qui sera son partenaire pour la nuit. Les meubles somptueux, les bars, l'éclairage, les miroirs d'une propreté immaculée semblent tout droit sortis du film « Saturday Night Fever ». Les filles sont superbes. Elles portent des robes courtes coupées pour mettre en valeur leurs formes voluptueuses. Tout est parfait, maquillage, coiffure, ongles... Pour cacher leur nervosité, elles boivent un peu plus que de coutume. « C'est bizarre à dire, mais d'une certaine façon, elles cherchent à plaire, à être aimées, même si elles savent qu'elles sont achetées », déclare un mannequin.

Les femmes sourient, découvrant des dents et des lèvres magnifiques, elles discutent entre elles et donnent le change. On se croirait dans une réception de la haute société ou dans un hôtel cinq étoiles en Europe ou en Amérique. Chacun tient son rôle : le disc jokey fait tourner les disques et l'alcool coule à flots tandis que l'action, la « vraie », se passe loin des regards indiscrets.

Parfois le couple nouvellement formé échange quelques paroles, danse, et fait connaissance quelques heures avant de filer dans une limousine en direction d'une suite d'hôtel grand luxe où les rapports sexuels commencent sans violence. Ça n'est pas toujours le cas. Certains clients battent les filles qui ne repartiront chez elles qu'une fois leurs bleus disparus. Dans l'ensemble, les hommes aiment tout simplement avoir des relations sexuelles avec les superbes partenaires qu'ils se sont payées. Si elles plaisent vraiment au client, les plus chanceuses restent avec lui pendant toute la durée de leur séjour, soit une à deux semaines. « Nous savons qu'en nous efforçant de plaire à un seul homme, il nous offrira des bijoux et autres cadeaux et que nous serons bien traitées », confie le mannequin Greta Voelkner qui a été recrutée à deux occasions en 1997 pour visiter l'Arabie Saoudite. Celles qui savent y faire jouent le jeu et font semblant d'être amoureuses. Mais la plupart du temps, les filles passent d'un client à l'autre et peuvent avoir des rapports sexuels avec trois ou six hommes pendant leur séjour, sans recevoir aucun cadeau. »

Il existe aussi un scénario plus triste, celui où la femme fait tous ces efforts pour plaire sans jamais recevoir la somme convenue. Au lieu des 100 000 $ pour une semaine de « fête », elle n'en touchera que

10 000. Il n'existe évidemment aucun recours et même s'il y en avait un, les mannequins auraient trop honte pour porter plainte.

« Bien des mariages cassent au retour en Amérique. Les couples se rendent compte qu'ils ne peuvent plus se regarder en face et que les billets de banque ne feront pas revenir la confiance et l'intimité à jamais perdues. »

Le mannequin Jade Tarlowe a les moyens d'aller où elle veut dans le monde. À 19 ans, Jade, originaire de Pennsylvanie, gagne plus de 100 000 $ par an en faisant des photos en Amérique et en Europe. Un jour d'avril 1999, son agent lui propose de faire une croisière organisée par un ami du Sultan de Brunei. Malgré les histoires d'horreur que des mannequins lui ont racontées où les filles sont louées par de riches aristocrates, Tarlowe ne résiste pas aux 75 000 $ dont la croisière est assortie. Son agent tente par tous les moyens d'éviter que Tarlowe ne subisse le même sort que tant d'autres filles mais lorsque le bateau lève l'ancre pour la Méditerranée, c'est une semaine infernale qui attend la jeune femme.

Elle dit qu'on lui fait passer une visite médicale complète dès son arrivée à bord, et qu'on l'oblige à se couper les poils pubiens, jugés trop longs. Elle dit aussi que le cheik arabe qui a acheté ses services la saoûle la première nuit au bar, met un sédatif dans son verre et la force à avoir des rapports sexuels avec lui et deux autres femmes. « Quand je me suis réveillée le lendemain, j'étais nue dans son lit, une femme étrangère couchée à côté de moi. Je n'avais aucun souvenir de ce qui s'était passé. Quand j'ai compris, j'ai voulu appeler la police. Mais il n'y avait rien à faire. J'étais tellement écoeurée que j'ai même songé à sauter par dessus bord. »

Le lendemain, quand elle revoit le cheik, ce dernier ne montre aucun remords. « Il m'a dit que j'étais naïve de croire que c'était des vacances. C'était un beau parleur et il m'a presque convaincue que si les choses avaient dérapé, c'était parce que nous avions trop bu. Malheureusement, le lendemain soir, il a recommencé et m'a traînée au lit avec lui. Je me suis dit qu'il valait mieux jouer le jeu et lui donner ce qu'il voulait pour qu'il me paie. »

À la fin de la croisière, Tarlowe dit qu'elle a été payée comme prévu pour ses services. Mais quand elle rentre chez elle, elle ne peut pas regarder son petit ami en face. Quelques jours plus tard, c'est la rupture. « Il n'a rien dit mais ça n'était pas difficile de comprendre qu'il savait exactement ce qui s'était passé. Quand j'y repense, c'est l'expérience la plus folle que j'aie vécue. Je ne le regrette pas parce que ça m'a ouvert les yeux sur ce que sont prêts à faire certains hommes pour coucher avec de belles filles. » Tarlowe ajoute que si une occasion comme celle-ci se représentait, elle y songerait sérieusement. « J'ai beaucoup appris et maintenant je sais comment traiter avec ces gens-là. Si je recommence, ce sera à condition d'être célibataire et d'être payée plus de 100 000 $. Nulle part ailleurs je ne pourrais gagner autant d'argent non imposable en une semaine! »

À en croire l'ex-agent londonien Charles Lobo, ce ne sont pas les mannequins consentants qui manquent. De l'adolescente à la jeune beauté aguerrie, les filles se disent plus que désireuses de satisfaire les désirs de certains cheiks arabes. Pour ces derniers, dit Lobo, rien n'est plus gratifiant que de coucher avec des femmes occidentales superbes qui sont en plus les maîtresses d'acteurs célèbres ou de vedettes du rock. « Pour une semaine entière, les filles sont à eux et elles se soumettent à tous leurs désirs. Ils sont prêts à payer n'importe quel prix tant que les filles acceptent de coopérer. Il m'est arrivé d'envoyer trois mannequins dans la maison d'été d'un milliardaire du pétrole. Chacune a touché plus de 50 000 $ en liquide. Quand je leur ai parlé du contrat, aucune n'a hésité. En fait, en quittant mon bureau, deux d'entre elles ont filé chez Harrods s'acheter la lingerie la plus chère, histoire de ne pas décevoir leur milliardaire. En arrivant chez lui, elles ont participé à une orgie et ont fait tout ce qu'il demandait. Elles sont revenues sans remords, avec beaucoup d'argent. Maintenant, j'envoie trois filles différentes quatre fois par an à ce client qui semble en redemander et ce contrat me rapporte plus que n'importe quelle séance photos pour *Vogue* ou *Elle*. En fait, je fais plus de 60 pour cent de mon chiffre d'affaires annuel avec ce genre de contrats. Ce qui prouve que ces voyages en pays arabes ne sont pas tous des histoires d'horreur. Tant que les filles ont un agent qui sait ce qu'il fait, elles sont bien protégées. Mais qu'elles n'aillent pas croire qu'on les paie des sommes pareilles pour passer la semaine en bikini au bord de la piscine, à siroter des margaritas! »

Les cachets exorbitants que touchent les mannequins provoquent une véritable ruée dans le monde des agences de mode. En 1985, date où la mode est lancée, Charles Lobo est un des premiers à louer les services des top models à des cheiks. Lobo dit qu'au début, les cachets allaient de deux à dix mille dollars. « C'était nouveau et c'était avant le phénomène Schiffer-Crawford, dit-il, les mannequins avaient du mal à se décrocher des contrats et quand elles trouvaient du travail, ça n'était pas très bien payé. Les filles étaient aux abois et souvent prêtes à accepter n'importe quoi. Beaucoup travaillaient comme strip-teaseuses ou se prostituaient. Alors quand on leur proposait de faire un voyage et de gagner beaucoup d'argent, elles sautaient sur l'occasion. Un des premiers mannequins à se rendre en Arabie Saoudite en a finalement fait sa nouvelle carrière. Elle a quitté mon agence et s'est mise à voyager là-bas trois à cinq fois par an. Elle gagne beaucoup plus d'argent qu'en continuant à faire des défilés. L'inflation est ahurissante. Des personnes qui travaillent pour les cheiks m'ont offert des voitures ou des voyages de luxe si je leur cédais mes plus beaux mannequins. C'est devenu un vrai racket. »

En 1998, Renée Gore, un jeune mannequin ambitieux qui loue une chambre à Paris pour dix dollars par jour fait toutes sortes de petits boulots pour joindre les deux bouts. Un jour, un homme d'affaires arabe tombe sur sa photo en feuilletant un magazine. Elle lui plaît tellement qu'il contacte son agent et lui propose 40 000 $ pour qu'elle passe une semaine avec lui. C'est une offre que Gore ne peut pas refuser. Bien que fiancée à son agent beaucoup plus âgé qu'elle, elle accepte de coucher avec l'homme d'affaires. « À mon retour d'Arabie Saoudite, nos fiançailles étaient rompues. Je voulais ma liberté pour pouvoir retourner là-bas et gagner plus d'argent. Mon fiancé n'était pas fâché contre moi puisqu'il touchait sa commission. Il représentait des top models qui faisaient toutes les collections des grands couturiers, mais celle qui lui rapportait le plus, c'était moi et mes contrats en Arabie Saudite. Je reconnais qu'il s'agit d'un boulot d'escorte de luxe, et même de prostitution, si on veut appeler ça comme ça, mais après toutes ces années de vache maigre, je m'en fichais. J'ai toujours rêvé de gagner beaucoup d'argent et quand j'en aurai assez, je reprendrai le métier de mannequin. À ce moment-là, c'est moi et moi seule qui choisirai mes contrats. »

Chapitre 13
CUL-DE-SAC

C'est un fait reconnu que parmi les top models les plus célèbres du monde plusieurs ont fait des tentatives de suicide alors qu'elles étaient à l'apogée de leur gloire. Selon le psychologue Charles Braxton, c'est le cas de 75 pour cent des mannequins célèbres. Elles deviennent des déprimées et des suicidaires chroniques quelques années seulement après leurs débuts. Selon lui, quand les mannequins commencent à perdre leur éclat et qu'elles voient les plus jeunes arriver, elles sont prises de panique. « Les deux premières années sont géniales. Les filles sont traitées comme des stars d'Hollywood. Mais à l'approche de la troisième ou de la quatrième année, les choses commencent à se gâter, les magazines et les couturiers partent à la recherche de visages plus jeunes, plus frais. Ce n'est pas une carrière qu'on étale sur une vie. On ne vous offre pas une montre en or après 25 années de bons et loyaux services. C'est un boulot qui vous force à abandonner un rêve quelques années seulement après l'avoir commencé, pour réaliser que vous êtes trop vieille. Voilà pourquoi tant de mannequins ont du mal à faire face à cette réalité et se retrouvent au bord du précipice. »

Braxton ajoute : « Si elles ont fêté tous les soirs et si elles ont couché à droite à gauche, ça sera deux fois plus difficile. Parce qu'un beau jour elles s'aperçoivent que plus personne ne veut leur donner de la cocaïne gratis et qu'on les considère comme des filles faciles. J'ai vu ça des milliers de fois. Les mannequins font une grosse dépression, elles ont des idées suicidaires. La seule façon d'éviter ça est d'être mieux préparées. Les filles doivent être réalistes et savoir que leur carrière ne durera pas plus de trois ans, quatre, si elles ont de la chance. Après, il faut passer à autre chose, comme se trouver un nouveau travail ou fonder une famille. Trop de mannequins s'accrochent alors que personne ne veut plus les engager à cause de leur âge. C'est un milieu jeune où les couturiers aiment engager des adolescentes. À 25 ans, vous êtes fichue. Tout le monde ne s'appelle pas Cindy Crawford! Non, il faut vraiment apprendre à tourner la page. »

L'année 1997 est une année de grand chambardement pour Naomi Campbell. Elle est encore un des top models qui réussit le mieux mais elle s'enfonce de plus en plus dans la vie nocturne de New York, Londres, Paris et Milan. Le fait qu'elle n'arrive pas à avoir de relation stable avec un homme la déprime. Les amants qui se succèdent ne semblent intéressés que par le sexe ou l'érotisme. Elle rêve de trouver l'homme de sa vie et noie son chagrin dans l'alcool en fêtant jusqu'à l'aube. En outre, elle se brouille avec beaucoup de gens du milieu, ce qui lui vaut la réputation d'être une fauteuse de troubles.

« Naomi éprouve énormément de ressentiment envers les gens, nombreux, qui se sont servis d'elle au cours de sa carrière, confie un mannequin proche de Campbell. Elle ne savait pas trop comment réagir, alors elle s'est rebellée et a commencé à envoyer promener beaucoup de monde. Au milieu des années 90, les choses vont mal. Naomi se rend compte que partout où elle va, les hommes essaient de l'escroquer, et ils n'ont qu'une chose en tête : coucher avec elle. Naomi a toujours rêvé de trouver l'homme de sa vie. Mais devant tant d'échecs, elle commence à penser que les hommes sont tous mauvais et que son rêve ne se réalisera jamais. »

À la fin du mois de février 1997, Campbell souffre d'une maladie mystérieuse, la première d'une série de malaises qui se succéderont au cours de l'année. Elle entre donc au Wellington Hospital de Londres après s'être effondrée. Le porte-parole de son agence, Elite Premiere, déclare qu'on pense qu'il s'agit d'une crise d'appendicite et conclut : « On ne sait rien de plus à l'heure qu'il est. »

Campbell alors âgée de 26 ans dînait avec son nouvel amant, le formidable danseur de flamenco Joaquin Cortes quand l'incident se produit. Certains journalistes chuchotent que Campbell est enceinte parce qu'elle semble avoir pris du poids au cours des derniers mois. Sa maladie l'oblige à annuler plusieurs défilés importants, comme le London Fashion Week où elle devait être le mannequin vedette.

« Naomi est désespérée. Quand j'ai lu qu'on parlait de crise d'appendicite, j'ai su que c'était faux et qu'il se passait quelque chose, dit un top model, je l'avais vue quelques jours avant et elle n'avait pas l'air en forme. Elle avait grossi, elle était faible et on aurait dit qu'elle n'avait pas dormi depuis des jours. Je lui ai demandé si elle se sentait bien et elle a hésité à me répondre. J'ai bien vu que quelque chose la tourmentait. »

Pendant les deux mois qui suivent, elle disparaît de la circulation. Certains de ses intimes disent qu'elle songe à quitter le métier. « Elle est déprimée et a besoin de donner un nouveau sens à sa vie. Je n'ai jamais vu Naomi dans un état pareil. Elle a vraiment l'air désespérée », confie un de ses amis.

Le 15 juin 1997, les mois de dépression la rattrapent. Elle passe des vacances aux Canaries en compagnie de son petit ami Joaquin Cortes.

Top Models

Soudain, des amis s'aperçoivent que Naomi ne se réveille pas. On la transporte d'urgence à l'hôpital et les examens sanguins qu'on lui fait révèlent la présence d'une quantité élevée de barbituriques. L'incident fait les manchettes et on parle de tentative de suicide. Quand elle peut enfin quitter l'hôpital, elle est obligée d'emprunter la porte des cuisines pour éviter les photographes qui l'attendent par dizaines. On la conduit à l'aéroport où un avion privé la ramène à Londres où elle vit.

Un des directeurs du Santa Catalina, l'hôtel cinq étoiles de Las Palmas où le couple est descendu, déclare que plusieurs clients se sont plaints d'une violente dispute entre Campbell et Cortes au bar de l'hôtel. « Ils se disputaient très fort avant de monter à la chambre de Mlle Campbell d'où on a entendu un vacarme terrible. Nous avons d'ailleurs reçu des plaintes. » Finalement, on appelle un médecin le dimanche matin de très bonne heure, car quelqu'un rapporte à la réception de l'hôtel que Campbell « va mourir si on ne lui vient pas en aide de toute urgence ». Le docteur appelle immédiatement une ambulance, craignant une overdose, puis confirme que Campbell a bel et bien avalé une quantité élevée de barbituriques.

Selon un de ses proches amis, Naomi Campbell a menacé de se suicider après s'être querellée avec Cortes, peu de temps avant d'être transportée d'urgence à l'hôpital Nuestra Senora del Pino de Las Palmas, dans l'île de Grande-Canarie. Cortes combine vacances et plaisir. Il donne en effet plusieurs soirs son spectacle « Gypsy Passion ». Un mois auparavant, Cortes qui fait des avances à d'autres femmes la blesse profondément. Deux semaines avant de partir pour les Canaries, plusieurs magazines publient des photos de lui sur la plage de Marbella en train de caresser une blonde voluptueuse avec laquelle il aurait une liaison. Plus tôt la même année, un journal prétend que Cortes a déclaré vouloir vingt enfants de vingt femmes différentes. Naomi est furieuse. « Elle était follement amoureuse de lui. Jamais un homme ne l'avait fascinée de la sorte. Malheureusement pour elle, ça n'était pas réciproque. Il voulait sa liberté et il était hors de question qu'il renonce à avoir des liaisons. Avoir un petit ami comme Joaquin est un vrai cauchemar et la réaction de Naomi ne m'a pas étonnée », confie une de ses amies intimes.

Les gérants de Campbell tentent immédiatement de dissiper la rumeur entretenue par les media que Naomi aurait fait une tentative de suicide. À Londres, Jonathan Goldstein, un des avocats de la firme Olswang qui défend Campbell, déclare peu de temps après l'incident que sa cliente n'a pas fait d'overdose et qu'elle souffre d'une allergie aux antibiotiques. « Mademoiselle Campbell est en parfaite santé et elle est complètement remise. Elle quittera l'hôpital en fin de journée et veut qu'il soit bien clair qu'il n'y a aucun fondement à cette histoire d'overdose. »

Campbell qui dit qu'elle a pris des vacances aux Canaries pour « récupérer » avant un défilé à Paris ne nie pas qu'il s'agit d'une tentative de suicide. Elle reconnaît qu'elle était extrêmement déprimée pendant cette période et qu'elle avait besoin de s'éloigner un peu de son travail. L'auteur Esmond Choueke explique : « Plusieurs mois avant l'accident de Las Palmas, Naomi aurait été absolument incapable de monter sur un podium. Les gens de son camp donnent une excuse boiteuse pour tenter de camoufler la vérité. Mais dans tous les cas, la situation est plus grave que ce qu'on en dit. Ses agents ne convainquent personne avec leur histoire de réaction allergique et les journalistes ne sont pas dupes. Nous savions que l'incident était lié à des médicaments. Plusieurs ont confirmé qu'il

Top Models

pouvait s'agir d'une tentative de suicide parce qu'elle s'était disputée avec son petit ami. Au fil des ans, j'ai vu beaucoup de mannequins célèbres essayer d'étouffer un incident fâcheux. Certaines arrivent à donner le change mais dans le cas de Naomi, il est évident qu'on nous a caché des choses. À ce jour, Naomi essaie encore de s'esquiver quand on lui pose des questions sur cette nuit de juin. Il est possible que nous ne sachions jamais ce qui s'est vraiment passé mais je parie ce que vous voulez que c'était beaucoup plus grave qu'une réaction allergique. »

Cortes refuse de commenter l'incident mais confie à un ami qu'il est désolé d'avoir fait marcher Campbell. « Je suis responsable au même titre que n'importe qui d'autre, admet-il, je lui en ai fait voir de toutes les couleurs et il y a des choses que je n'aurais pas dû faire. Je suis désolé que ça ait mal tourné. »

Il reste à son chevet pendant qu'elle est à l'hôpital. La relation Cortes-Campbell est une relation à sens unique. Ils se sont rencontrés l'année précédente lors d'une séance photos pour *Elle Magazine*. Campbell croit que Cortes est son prince charmant, alors que Cortes continue à s'intéresser à d'autres femmes. Peu de temps après qu'elle soit sortie de l'hôpital, Cortes décide de rompre. « C'est un play-boy invétéré et ça la rendait malade, déclare le journaliste Peter Williamson. Lorsque Naomi s'est retrouvée à l'hôpital, il a fini par se rendre compte qu'il devait mettre cartes sur table et rompre. Naomi a bien failli mourir cette nuit-là. Il a réalisé à quel point Naomi était fragile émotivement et il n'a pas voulu être responsable de ce qui aurait pu arriver s'il avait continué à lui briser le cœur. »

Chapitre 14
DES DÉFILÉS ILLÉGAUX

Sécuritaire il y a encore quelques années, la vie de top model commence à ressembler de plus en plus à celle des actrices d'Hollywood qui n'avaient aucun droit et qui subissaient toutes sortes d'abus sexuels. De nos jours, on peut dire qu'il est dangereux de faire ce métier. Les mannequins se font violer, harceler, voire assassiner.

Le début de l'année 1999 est marqué par trois incidents dramatiques : un mannequin de 17 ans est poignardé à mort par un étranger qui le harcelait, un autre est kidnappé et retenu en otage pendant cinq jours par un ancien petit ami, et le copain d'un mannequin âgé de 15 ans est arrêté à New York pour vente de cocaïne dans une boîte de nuit branchée de l'East Village. Les agents mettent en garde les mannequins contre la recrudescence de la criminalité. L'agent Jeremy Teeman commente : « Les filles sont devenues des cibles mouvantes. Où qu'elles aillent, les gens essaient de se les approprier et de les impliquer dans des combines louches. Certaines sont sur le qui-vive. Il y a tellement de prédateurs sexuels qui peuvent les menacer d'un coup de couteau ou les suivre jusqu'à leur appartement pour les violer. »

Mais un problème plus grave encore, c'est que de nombreux mannequins sont impliqués. Il y a en effet de plus en plus de crimes perpétrés par des mannequins contre d'autres mannequins et cela crée un véritable climat de panique. Certaines filles mettent leur beauté au service du crime organisé. Agents et couturiers qui redoutent les répercussions d'une mauvaise publicité font tout pour camoufler les crimes. Seule une infime fraction des coupables sont punis.

« Il est notoire que ce milieu est plein de criminels », dit Robert Hartman, qui a travaillé comme photographe de mode et comme consultant pendant 18 ans. « On n'entend parler que d'incidents où un mannequin s'est fait maltraiter ou s'est suicidé. Mais vous n'entendrez jamais parler d'un mannequin qui vole des vêtements dans un grand magasin ou qui menace de battre une autre fille dont elle est jalouse. Le pourcentage de mannequins impliqués dans ces combines a terriblement augmenté ces dernières années. On a complètement perdu le contrôle. »

Plusieurs se font piéger par des personnes indésirables qui dont partie de leur entourage. Certaines le font pour de l'argent, poussées par le désespoir, ou encore parce qu'on les a mises au défi. « La plupart du temps, le public n'est pas au courant de ces histoires », dit le détective privé Peter O'Grady qui a travaillé sur plusieurs cas impliquant des mannequins célèbres. O'Grady prétend qu'en général on achète le silence des autorités : « Les gens qui dirigent ont énormément d'argent à dépenser et ils feraient n'importe quoi pour étouffer un scandale. Ça fait peur, parce que beaucoup de mannequins devraient être arrêtés et faire de la prison comme n'importe qui d'autre. Au lieu de ça, on les laisse filer, sans même leur donner une tape sur la main. »

O'Grady déclare que les mannequins ne sont pas les seuls à commettre des crimes dans ce milieu. Les agents, les couturiers, les photographes et même les media sont impliqués. Le nombre effarant d'histoires de corruption et de crime laisse songeur. Il n'existe pas de dossiers précis et la peur de la police et du scandale empêche bien des victimes de signaler les crimes. O'Grady dit que ces dix dernières années, les crimes commis à l'extérieur par les gens de l'industrie de la mode comme le vol, le viol et le trafic de drogue ont décuplé. On parle de 200 chaque année. « Il y a un lien étroit entre l'industrie de la mode et le crime, dit-il, on retrouve des gens louches à tous les échelons. Tant que personne n'interviendra pour nettoyer le milieu, la situation ne fera qu'empirer. Dans l'histoire de la mode, c'est la première fois qu'on a à faire face à une criminalité aussi galopante. C'est devenu une sorte de variante du crime organisé. »

Antonio Mortina a travaillé à Milan comme policier en civil. Il dit que les autorités ont non seulement perdu le contrôle de la situation mais que certains membres de la police sont également complices. À la fin des années 80, la police laisse des mannequins mineurs entrer dans les clubs et ne tente même pas d'arrêter certains dirigeants de l'industrie qui font du trafic de drogue ou du blanchissage d'argent. Selon Mortina, c'est comme si les autorités milanaises leur avaient délivré un permis. « C'est ce qui explique le nombre élevé de crimes. La police sait exactement ce qui se passe mais ferme les yeux. Il y a beaucoup trop d'argent en jeu. Beaucoup de flics sont achetés et touchent trois fois le montant de leur salaire annuel. Si vous êtes dans la mode à Milan, vous pouvez faire du trafic de drogue, du kidnapping, du vol à l'étalage ou des vols à main armée sans être inquiété. C'est un vrai scandale. »

Un top model dit qu'il est courant que des agents blanchissent leurs clients. Mais il y a un prix à payer. « Même un meurtrier peut s'en sortir. Normalement, un agent peut tirer son mannequin d'un mauvais pas grâce aux contacts qu'il a au sein de la police. On laisse tomber les inculpations mais en échange on vous demande d'énormes sommes d'argent ou encore des faveurs sexuelles. L'année dernière, une amie à moi a été prise en train de vendre de la drogue. Son agent a tout arrangé mais lui a fait promettre de coucher avec lui. Elle n'avait pas vraiment le choix. Il lui a dit que si elle ne se montrait pas coopérative, il la ferait jeter en prison. »

Toute cette criminalité semble insensée dans un milieu comme celui-ci. Pourquoi des gens riches, jeunes et beaux sont-ils prêts à prendre de tels risques? Pour certains, l'inégalité et un favoritisme grandissants en seraient la cause. « Il n'y a que quelques mannequins qui font partie de l'élite », dit le sociologue Alan Gorman. Il ajoute : « C'est un métier féroce où une carrière ne dure pas longtemps. Selon les statistiques, un mannequin sur 12 000 connaît la célébrité. Les autres, on les laisse tomber. Pas étonnant que les filles soient amères, se sentent perdues et deviennent des candidates idéales pour la drogue, la prostitution et le crime. » Gorman dit que les crimes et les enquêtes sont traités tellement à la légère qu'il est pratiquement impossible de punir les coupables.

Le cas du couturier connu Danny Wise qui harcelait l'actrice Andrea Thompson de la série télévisée « NYPD Blue » en est un bon exemple. Wise et Thompson étaient amants et envisageaient de vivre ensemble avant que leur relation tourne au vinaigre. Thompson laisse tomber Wise qu'elle trouve agressif et malhonnête. Les mois qui suivent, la vie de Thompson se transforme en cauchemar. Wise, un Italien d'origine qui s'est fait un nom comme couturier à Milan avant de venir aux États-Unis, se met à suivre Thompson partout où elle va. Il ne cesse de la déranger à son appartement et profère des menaces à plusieurs occasions. Wise qui a paru dans *Vogue* et qui a habillé de nombreux acteurs de l'élite hollywoodienne, dont l'actrice Salma Hayeck, est finalement accusé de harcèlement. Il commence par nier puis plaide coupable à un chef d'accusation. Il est condamné pour harcèlement à deux ans de réclusion dans un pénitencier et à être déporté en Italie à sa sortie de prison. « Il s'en est tiré, dit le chroniqueur de spectacles Robert Warwick, il a refusé de laisser la pauvre fille tranquille. C'est typique des gens du milieu. Ils ont un gros ego et ne supportent pas qu'on les rejette. Ils sont prêts à tout pour avoir ce qu'ils veulent. Souvent les choses dérapent et des gens sont blessés. Wise aurait dû avoir une peine plus lourde mais je suis sûr que tous ses amis influents ont joué un rôle là-dedans. Si un type ordinaire harcelait une vedette d'Hollywood, la sentence serait beaucoup plus sévère. »

Le cas Wise n'a pratiquement reçu aucune publicité pendant des mois jusqu'à ce que l'Inside Edition d'un talk show télévisé diffuse enfin de l'information sur le cas, le 23 juin 1999. « C'est comme ça que ça marche dans ce milieu, ceux qui tirent les ficelles ont de nombreux contacts avec les media et peuvent se permettre de supprimer les histoires gênantes, dit Robert Warwick. Si un athlète ou un acteur harcelaient quelqu'un, vous pouvez être sûr que les media s'empareraient de l'histoire et la diffuseraient dans le monde entier. Mais cette industrie a une influence considérable auprès des media. »

La raison principale que l'on donne pour expliquer l'emprise que les nababs de la mode exercent sur les media est la publicité. En effet, l'industrie est un des plus importants annonceurs dans les media imprimés et électroniques. « Comme dans n'importe quel autre domaine, il ne faut pas mordre la main qui vous nourrit, dit Robert Warwick, ce serait du suicide. Les couturiers comme Calvin Klein et Hilfigger dépensent des sommes considérables en publicité. Il est facile de comprendre pourquoi les journalistes gardent le silence sur certains incidents. Cela pourrait coûter des millions de dollars à long terme. » Plusieurs rédacteurs de mode interviewés pour ce livre reconnaissent avoir reçu de l'argent en échange de leur coopération. « On m'a fait toutes sortes de cadeaux depuis que je travaille dans ce milieu, on m'a offert des voyages autour du monde et une moto Harley Davidson, reconnaît un rédacteur, les gens brassent des sommes considérables et n'ont pas peur de les dépenser, surtout si cela leur garantit de bons articles. »

Le cas Danny Wise qui s'éternise a laissé bien des gens perplexes. On n'en a pratiquement pas parlé. Même un ancien collègue de Wise n'arrive pas à y croire. « D'habitude les media sautent sur un incident comme celui-ci. C'est une histoire sur mesure pour un téléfilm, dit-il, j'ai été choqué de la façon dont Danny a su éviter la publicité et de la facilité avec laquelle il s'en est tiré. Danny est un charmeur professionnel et un gros joueur dans le milieu. Beaucoup de gens haut placés l'ont soutenu et ont usé de leur influence pour réduire sa peine. Vous verrez que dans peu de temps il sera de retour à Milan, reprendra son travail et engagera les plus grands top models du monde. Dans ce milieu, on a la mémoire courte. »

De nombreux mannequins parmi les plus séduisants commettent des crimes en passant de petites villes à de grandes villes où les agences mondiales ont leur siège social.

Le top model Amanda McCullen est une superbe blonde qui a pour agence DNA. Elle a déjà eu des liens amoureux avec Matt Dillon. En 1999, McCullen est accusée par le propriétaire d'une boutique du centre de New York de vol à l'étalage. Greg Gumo prétend que McCullen est arrivée à sa boutique Fiend, qui est aussi une galerie d'art située sur Orchard Street, le 17 juin, accompagnée de deux amies, Sage et Graph. Gumo prétend que McCullen est partie avec des articles de mode dernier cri d'importation japonaise d'une valeur d'environ 1 500 $. McCullen et Sage, qui est une ancienne petite amie de la vedette rap Q-Tip, ont travaillé pour Gumo dans une affaire de cartes postales qu'il a à Miami. Elle demande à Gumo de lui payer des arriérés. Gumo lui répond qu'il ne lui doit pas un sou. Il prétend que McCullen a amené son pit bull dans la boutique pour le menacer. Il demande à McCullen de quitter les lieux et comme elle refuse il appelle la police. Pendant qu'il compose le numéro, McCullen commence à prendre des chemisiers, des pantalons et des jupes et s'enfuit. Quand un policier du 7ème Precinct arrive environ 20 minutes plus tard, lui et Gumo partent en voiture à la recherche de McCullen, sans résultat. Le journaliste Jared Paul du *New York Post* a retrouvé les traces de McCullen qui lui donne une version des faits totalement différente. « Il est complètement fou. Le vol, ça n'est pas mon genre. La vérité c'est que Gumo me doit dans les 2 000 $ de Miami, alors je suis allée le trouver et je lui ai dit qu'il devrait me donner des vêtements - qui, soit dit en passant, ne sont pas du tout mon style. J'ai vécu onze ans dans ce quartier et c'est insensé de croire que je volerais comme ça. Quant à mon chien, il ne ferait pas de mal à une mouche. »

Gumo dit qu'il n'a pas l'intention de laisser tomber. « Elle avait l'air très sûre d'elle, a-t-il déclaré au *New York Post*, elle croit qu'elle est au-dessus de tout, que tout ça c'est de la blague mais elle va avoir des ennuis. » Un détective du 7ème Precinct qui travaille sur le cas hésite à critiquer McCullen. « L'enquête suit son cours. Les parties vont bientôt subir un interrogatoire au poste de police. On attend. »

Une source proche à la fois de Gumo et de McCullen révèle que celle-ci a essayé de retourner voir Gumo pour qu'il la paie. « Elle a travaillé pour lui à Miami et il a manqué à sa parole et lui doit encore de l'argent. Amanda est inoffensive. Elle essaie juste de l'intimider. Je dois prendre le parti d'Amanda parce que Greg n'est pas la personne la plus franche au monde. Il est assez difficile à cerner. À mon avis, ils devraient oublier tout ça et passer à autre chose. Tout arrêter avant qu'il n'arrive un malheur. »

La styliste Miriam Gordon dit qu'elle est courant que des mannequins mécontents volent des vêtements et harcèlent leurs anciens patrons. « Les filles sont parfois très en colère. Elles ne rendent pas les vêtements comme elles le devraient, elles deviennent de vraies pestes quand elles n'ont pas de travail. J'ai moi-même été harcelée par plusieurs mannequins dont la carrière périclitait. Elles m'appelaient au téléphone et menaçaient de ruiner ma carrière si je ne leur donnais pas du travail. C'est regrettable. Ce milieu est très compétitif et il y a peu d'élus. Ce genre d'incident est toujours démoralisant. Je défends mes mannequins et j'essaie de les encourager le plus possible. Mais je ne peux pas plaire à tout le monde. »

Il est courant que des amants éconduits ou des employés mécontents cherchent à se venger. Le plus souvent, c'est une question d'argent. Un des incidents les plus horribles a eu lieu à la fin de 1998 lorsqu'un nabab de la mode, le multimilliardaire marocain John Badum, alors âgé de 46 ans, a été poignardé par son amant à cause d'une querelle au sujet de sa carte verte. Badum est mort après une lutte sanglante avec Hamid Ouhda, âgé de 23 ans, dans la propriété de la sœur de Badum, située à

Batavia, entre Rochester et Buffalo. Theresa Badum, 40 ans, a aussi été poignardée mais elle a réussi à s'enfuir. Une heure plus tard, Ouhda a été fauché par un camion et il a été tué sur le coup.

Badum qui est le créateur avec Jerry Hirsch de la ligne de vêtements de soie lavables, Go Silk, était un des personnages les plus aimables de l'industrie de la mode. Sa mort stupéfie ses amis intimes, parmi lesquels on compte Elton John, Iggy Pop, le photographe de mode David LaChapelle ainsi que les grands couturiers Todd Oldham et Thierry Mugler. « Je n'arrive pas à y croire, aurait dit John, c'était un homme plein de bienveillance et de gentillesse. Comment a-t-on pu faire une chose pareille? C'est incompréhensible. »

Badum rencontre Ouhda au cours d'un voyage en Europe, en Asie, en Inde et en Afrique du Nord peu de temps après avoir vendu ses actions à la compagnie en 1995. Il tombe amoureux de Ouhda et pour qu'il obtienne sa carte verte, s'organise pour qu'il épouse sa plus jeune sœur. Un an plus tard, une terrible dispute éclate entre les deux hommes et Badum dénonce Ouhda au service d'immigration et de naturalisation pour que l'on procède à sa déportation. Ouhda est fou de rage et jure de se venger. Il confie à un mannequin ami qu'il le fera payer. « Il ne s'en tirera pas comme ça. Il a ruiné ma vie en m'excluant comme il l'a fait. Il s'est servi de moi. La seule chose qui me reste à faire, c'est de me venger. »

Le photographe David LaChapelle dit que Badum est mort comme il a vécu. « Il est littéralement mort pour l'amour. Il a mené une vie romantique, haute en couleurs et a connu une fin digne de Tennessee Williams ou de Puccini. »

Brian Redmond, un ancien collègue de Badum dit que son appartement cossu de l'East Village était toujours plein de célébrités du milieu de la mode. « Ses fêtes étaient légendaires, l'atmosphère inimitable. Il avait dans sa chambre ce lit massif avec une boule disco qui tournait au plafond. On ne s'ennuyait pas. Il y avait toujours des tas de jeunes gens superbes, beaucoup de drogues, beaucoup d'alcool. Je ne connais personne qui ait mené un train de vie comparable au sien. »

Jean Lorraine, un découvreur de talents qui vit à Milan dit que Badum n'aurait jamais dû s'impliquer avec un homme aussi jeune. Il est fréquent que les couturiers gay s'entourent de jeunes hommes venus des coins les plus exotiques de la planète. « Ça se termine souvent mal. Les couturiers veulent avoir les petits amis les plus beaux pour sortir dans les boîtes ou à des fêtes. Ils ont des egos monstrueux et cherchent constamment à impressionner la galerie. Badum n'est pas le premier à mourir assassiné par un ex-petit ami éconduit. »

De nombreux mannequins devenus criminels utilisent des armes à feu. Melanie Pavicic, un mannequin de Vancouver âgé de 21 ans qui a aussi joué dans « The X-Files » est méconnaissable le 29 mars 1997. Elle est vêtue d'une combinaison noire et porte une cagoule lorsqu'elle et son petit ami Vahid Mahanian, âgé de 23 ans, entrent par effraction dans la maison de Robert et Glennis McArthur et braquent leur arme sur eux. McArthur, 42 ans, se détendait dans son bain tandis que sa femme et ses deux enfants respectivement âgés de quatre et six ans dormaient à l'étage. Pavicic et Mahanian se sont inspirés du film « Bonnie and Clyde » pour planifier leur cambriolage. Ils sont entrés mitraillettes au poing, ont attaché McArthur et sa femme avec de la corde et leur ont mis du ruban adhésif sur la bouche. Après avoir obtenu le NIP de leurs cartes bancaires et retiré l'argent, ils ont volé une bague en diamant et un lecteur vidéo.

Des défilés illégaux

La police a retrouvé un fusil de chasse à canon scié et un pistolet semi automatique de calibre 22. Environ deux semaines plus tard, Pavicic et Mahanian sont arrêtés et inculpés d'être entrés par effraction à l'aide d'une arme à feu dans le but de commettre un cambriolage, ainsi que de prise d'otage. Le couple plaide coupable aux trois chefs d'accusations.

Le juge de la Cour suprême de la Colombie-Britannique, Alexander Henderson déclare en rendant son jugement : « Aucune explication n'a été donnée quant aux raisons qui ont pu pousser une jeune femme à qui tout réussissait à commettre un acte criminel aussi grave. »

Pavicic est en effet la dernière personne qu'on imagine commettre un crime de ce genre. Étudiante émérite de son école de Coquitlam, en banlieue de Vancouver, elle est très aimée de ses camarades de classe. Tout semble la destiner à la richesse et à la célébrité. De nombreuses agences de top models ainsi que des directeurs de télévision s'intéressent à elle. « Elle était tellement douce et tranquille, confie un de ses camarades de classe, c'était le type même de la jeune fille dont tout le monde disait qu'elle réussirait. Bonne en tout, sport, art, dans toutes les matières. Quand j'ai appris la nouvelle, j'ai vraiment eu du mal à y croire. Ça n'était pas le genre de fille à faire un cambriolage. »

Pavicic et Mahanian sont condamnés à une peine d'emprisonnement de quatre ans et trois mois, ce qui, selon le juge Henderson, équivaut à une peine de six ans, du fait que les accusés ont passé un peu plus que dix mois en prison avant leur procès, ce qui compte pour du temps double. La nouvelle laisse les mannequins qui la connaissaient stupéfaits. « Melanie avait une carrière formidable devant elle. Je n'arrive pas à croire qu'elle ait tout fichu en l'air. Elle aurait pu gagner beaucoup d'argent. À sa sortie de prison, il sera trop tard. Les mannequins font des choses bizarres sans penser aux conséquences. Un faux pas et c'est la fin de votre carrière », déclare le mannequin Beverly Fagan.

Jennifer Charlton, un jeune mannequin prometteur de Caroline du Nord qui ne prenait pas de drogues, est devenue une victime de son agence en 1997. Elle n'aurait pas dû avoir de mal à obtenir un autre contrat mais pour une raison inconnue, plus personne ne voulait d'elle. Neil Fullmer, ancien conseiller et amant de la jeune fille a appelé tous ses contacts en faisant courir le bruit que Charlton était difficile. C'était sa façon de se venger d'elle pour l'avoir laissé tomber quelques mois auparavant. Charlton dit qu'elle l'a quitté parce qu'il était cocaïnomane et qu'il refusait de se faire soigner.

Peu de temps après, Charlton a des idées suicidaires. Elle ne décroche pas de contrat, et à 22 ans, elle se sent finie et voit des filles qui ne lui arrivent pas à la cheville gagner d'énormes sommes d'argent. Elle ne sait plus comment faire pour trouver l'argent qui lui permettra de maintenir le train de vie somptueux auquel elle est habituée. Elle souffre de dépression chronique et se met à prendre de la drogue. Ironie du sort, elle devient cocaïnomane et cette nouvelle habitude lui coûte en moyenne sept cents dollars par semaine.

Charlton est prête à tout. En septembre 1997, elle trouve un emploi qui lui rapporte tout l'argent qu'elle veut. Elle devient prostituée de luxe à New York sous le nom de Jenna Peters. Charlton gagne jusqu'à 7 000 $ par jour à divertir hommes d'affaires, athlètes et gens du spectacle qui viennent de partout. Le propriétaire de l'agence d'escorte Manhattan qui a engagé Charlton dit d'elle qu'elle est la fille la plus demandée. « Ses clients sont fous d'elle, déclare Albert Maurice, c'est de loin la plus belle fille que nous ayons jamais engagée. C'est la call girl la plus chère et classe que j'aie vue! Elle compte parmi ses clients beaucoup de gens célèbres dont un homme politique connu et un ancien champion de boxe poids lourd. » Un milliardaire anglais a donné 80 000 $ à Jenna pour passer une semaine avec lui en Afrique du Nord. « C'est le montant le plus élevé que Jenna ait reçu, même si on lui a toujours fait des offres incroyables. Elle a un succès fou, confie Maurice, Jenna est ce que j'appelle la première prostituée millionnaire. »

Un de ses anciens clients raconte que Jenna vaut bien son tarif exorbitant de 1 000 $ de l'heure. « C'est une des femmes les plus magnifiques de la planète. Pour coucher avec elle, il faut être prêt à payer le prix qu'elle demande. Coucher avec Jenna, c'est comme coucher avec une princesse. Ses clients en ont pour leur argent. »

Charlton se souvient de sa pénible initiation au monde de la prostitution. « J'ai reçu le coup de fil un samedi après-midi, le rendez-vous était pour 20 heures ce soir-là. J'étais tellement énervée, j'avais peur. Je me suis lavé les cheveux, je me suis mis de la lotion sur le corps, je ne savais pas comment on se prépare pour un client. C'était la première fois. » À 18 heures 30, elle est fin prête. « J'étais en avance, et j'ai décidé de tout changer, je me suis relavé les cheveux, je me suis coiffée différemment. L'agence a envoyé une voiture et quand je me suis assise, j'avais peur que le chauffeur voie mes genoux trembler. »

Charlton doit rencontrer le client, un importateur juif de vêtements de sport originaire de Chicago, à son hôtel. « Quand il a ouvert la porte, je l'ai regardé et je me suis dit que finalement, j'y arriverais! Je m'attendais à un homme beaucoup plus âgé mais il était dans la quarantaine, il avait des cheveux bruns bouclés et brillants et un corps athlétique. Il m'a dit de l'appeler Saber et je me suis présentée sous le nom d'Irene. C'est comme ça qu'on a commencé. Il avait pensé à faire monter du champagne et une douzaine de roses pour moi et je lui suis reconnaissante d'avoir rendu cette première expérience aussi agréable. »

Charlton se souvient de Saber comme d'un bon amant, qui se souciait autant de son plaisir à elle que du sien. « Il m'a demandé de rester toute la nuit et il m'a fait l'amour quatre fois. J'ai quitté sa chambre épuisée mais plus riche de quelques milliers de dollars. »

Une année plus tard, en juillet 1998, Charlton a réussi à mettre de côté plus de 900 000 $. Les idées suicidaires se sont envolées et elle ne consomme plus de drogues. Elle est devenue une vraie femme d'affaires. Elle consulte un courtier très en vue sur la place de New York et espère pouvoir vivre de ses rentes. Charlton lui dit qu'elle veut investir l'argent pour lancer sa propre affaire dans un autre pays. En l'espace de quatre mois, Charlton s'est installée au Portugal, sur la côte d'Algarve où elle possède un Bed and Breakfast qui reçoit des touristes du monde entier. Aujourd'hui elle vit au Portugal comme une millionnaire, en grande partie grâce à la force du dollar américain par rapport à l'escudo. Dans certains cas, la criminalité de l'industrie de la mode rapporte à condition de savoir quand s'arrêter. Charlton dit qu'elle n'a jamais aussi bien vécu.

« Même quand je gagnais beaucoup d'argent comme mannequin je ne vivais pas aussi bien. Je ne regrette pas d'avoir fait ce que j'ai fait. J'ai été mise à l'index et ça ne me laissait pas grand choix. Au début, j'étais droguée et je ne savais pas vraiment ce que je faisais. Mais quand l'argent a commencé à rentrer, je suis devenue une femme d'affaires avec un plan de match. Je voulais travailler fort pendant deux ans et mettre de côté assez d'argent pour monter une affaire légale. Le monde hypocrite de la mode ne me manque vraiment pas. J'ai rencontré l'homme de mes rêves et nous avons décidé de fonder une famille. Je n'ai jamais été aussi heureuse de ma vie. »

Chapitre 15
CAFÉ CHAOS

Les tensions qui existent entre Christy Turlington et Tomasso Buti, le nabab qui tire les ficelles du Fashion Café, sont toujours aussi vives. Tous deux sont mis en contact le soir où les ennuis s'abattent sur Naomi Campbell. Buti lui a demandé d'assister à l'inauguration de la maison Revlon au Fashion Café et de bavarder avec les invités. Buti qui est au courant de la dépression de Naomi et de son combat avec la drogue et l'alcool demande au barman de lui servir des doubles Johnny Walker. En l'espace d'une heure, Naomi est ivre et a du mal à se lever. Elle se rend en titubant à l'arrière de la pièce puis dans le minuscule vestiaire qui se trouve tout de suite à gauche de l'entrée.

Turlington qui arrive accompagnée d'une amie compte partir de bonne heure. Elle a une séance photos tôt le lendemain pour l'édition italienne de *Vogue*. Elle voit Naomi en train de vomir dans les toilettes. Turlington est frappée par l'état dans lequel se trouve sa collègue. Peter Svenson, un directeur marketing qui s'apprêtait lui aussi à s'en aller va chercher son manteau et aide Turlington à réconforter Campbell. Turlington lui tient les cheveux en arrière et lui parle doucement. Svenson lui caresse le dos. Il ouvre son manteau de l'autre main pour la protéger des regards indiscrets.

« Buti est responsable de ce qui s'est passé, dit Svenson à Turlington, il a essayé de saoûler Naomi. » Il est de notoriété publique que le top

Top Models

model préféré de Buti au Fashion Café s'appelle Naomi Campbell.

« Je sais que Buti donne toujours à Naomi de l'alcool et de la drogue parce qu'il veut coucher avec elle. Mais cette fois-ci, il est allé trop loin. »

Cet incident offre une autre occasion à Turlington de défendre une collègue, même si cela doit compromettre sa propre carrière. La vie de Turlington est peuplée de play-boys, d'arnaqueurs et de gens branchés qui lui tendent des pièges. Elle plonge dans un monde de drogue et de sexe. Elle vient juste de se remettre des problèmes d'alcool qu'elle a connus un an avant. Une de ses amies, mannequin, vient de mourir d'une overdose. Malgré les soupçons qui pèsent sur un ex-petit ami, aucune accusation n'est portée contre lui.

Plusieurs mannequins s'approchent de Buti devant la foule médusée. Un mannequin lui arrache sa cigarette et la lui éteint dans le dos en hurlant à Buti, qui ne sait plus où se mettre devant ses clients et admirateurs : « J'en ai marre de vous et de vos combines et vous pouvez être sûr que je vais faire tout ce que je peux pour qu'on connaisse la vérité à votre sujet. J'en ai vraiment assez de faire semblant que tout va bien. Je donnerais cher pour oublier cette entreprise. Je rentre chez moi et je vais essayer d'oublier que je vous ai jamais rencontré. »

C'est en 1995 que Turlington accepte de prêter son nom au Fashion Café de Buti. À l'instar de ses collègues Claudia Schiffer, Naomi Campbell et Elle Macpherson, elle se sent de plus en plus mal à l'aise. Buti se sert de son mariage avec le top model Daniela Pestova pour encourager des célébrités du milieu de la mode à s'impliquer dans l'entreprise. Pestova a le respect de la plupart des gens du milieu. Elle s'est fait la réputation d'être une bosseuse et d'être généreuse. « Daniela Pestova est vraiment une fille charmante qui se soucie des autres, dit d'elle un top model, tout le monde a été très étonné de la voir s'impliquer avec quelqu'un comme Buti dont la réputation est plus que douteuse. C'est toujours comme ça dans la mode, des filles superbes et innocentes se font avoir par des types minables qui ont de l'argent et du pouvoir. Et elles le regrettent presque toujours. »

Turlington est choquée par le tour que prennent les événements. Buti a menti aux media en prétendant qu'elle et trois autres top models sont des actionnaires importants du Fashion Café. Rien n'est plus éloigné de la vérité. Aucune n'a d'intérêt dans l'affaire. Selon Turlington, le seul argent qu'elle et les autres ont reçu couvre leurs cachets pour faire acte de présence lors d'événements prestigieux où se retrouvent une foule de vedettes, et chaque fois que dans le monde s'ouvre une boutique dans un Fashion Café.

« Christy n'a jamais aimé cette façon qu'a Buti de mentir constamment. Elle est convaincue que Buti est une ordure. Quand elle s'est impliquée dans le projet, elle croyait que c'était légal. Mais bientôt elle s'en mord les doigts. Christy est une femme intègre qui n'aime pas fréquenter les personnages véreux. Elle ne le connaissait pas et elle s'aperçoit qu'il la prend, elle et les autres top models, pour des imbéciles. Lors de la première conférence de presse qui fait la promotion de l'ouverture du Fashion Café, elle ne peut croire ce que débite Buti aux dizaines de journalistes présents. Pas un mot n'est vrai. Après la conférence de presse, Christy m'a confié qu'elle n'était pas sûre de toute cette affaire et qu'elle pensait que Buti était un vrai escroc », confie une de ses amies intimes.

Turlington devient célèbre grâce aux publicités de sous-vêtements Calvin Klein. Quand elle se rend compte que Buti n'est pas franc avec elle, elle se met à boycotter les soirées d'ouverture des nouveaux

Top Models

Fashion Cafés. Elle participe à l'ouverture du Fashion Café de Londres, mais elle ne se rend ni à Jakarta ni à Barcelone.

Le petit ami de Turlington, Jason Patric est furieux de la façon dont Buti la traite. « Ça n'a pas de sens de se montrer, là, en faisant semblant que tout va bien, dit Patric à Turlington, le concept même de Fashion Café est ridicule. Ça aurait pu marcher avec quelqu'un de compétent mais avec Buti et ses gens, c'est une vraie catastrophe. »

Jason Patric fait pression sur Turlington pour qu'elle se distancie de Buti et du Fashion Café. Il arrive finalement à la convaincre de couper les ponts en 1998. Turlington veut reprendre tous les objets qui lui appartiennent y compris les souvenirs et les vêtements suspendus aux murs des Fashion Cafés. Elle menace de poursuivre Buti s'il ne s'exécute pas. Elle exige qu'il lui remette le soutien-gorge et la petite culotte Calvin Klein qu'elle a portés dans une annonce et dont elle a fait don au premier Fashion Café situé au Rockefeller Center.

« Christy ne veut plus qu'il reste une trace d'elle dans cet endroit, dit le journaliste Mark Stewart, elle est très fâchée que Buti se soit mal conduit envers elle. Buti craint que Christy ne dise aux media qu'il ne s'est pas montré coopératif et décide d'obtempérer. Il lui redonne ses affaires, en sachant pertinemment que dans le cas contraire elle le poursuivra. Or ce qu'il veut par-dessus tout, c'est éviter un procès. »

Peu de temps après que Turlington coupe les liens avec le Fashion Café, deux de ses prétendues partenaires la suivent. Il s'agit de Claudia Schiffer et de Naomi Campbell qui tirent leur révérence après que Buti soit accusé de détournement de fonds et d'escroquerie. Plusieurs poursuites sont lancées contre lui parce qu'il n'a pas payé d'impôts sur ses milions de dollars de revenus. Buti fait également face à des accusations pour avoir prétendument tenté de lever des fonds pour payer les investisseurs de départ et pour avoir violé les règles de sécurité en vendant en secret des actions qu'il n'avait pas le droit de vendre à de nouveaux investisseurs de la chaîne des Fashion Cafés. Les avocats de Buti de la firme prestigieuse Pavia & Harcourt, se sont chargés de toute la préparation légale qui a permis au concept de Fashion Café de décoller. La firme poursuit à présent Buti qui lui doit 413 000 $ d'honoraires. Buti contre-attaque en disant qu'il n'est pas satisfait du travail de la firme et qu'il estime ne pas avoir été représenté convenablement.

« Buti trouve toujours une nouvelle excuse pour ne pas payer ses dettes, dit un de ses anciens conseillers, il a fait beaucoup de tort au monde de la mode en agissant de façon aussi peu professionnelle. Ce sont des gens comme lui qui en ternissent l'image. »

Autre mauvaise nouvelle, la direction du Rockefeller Center entame des procédures d'éviction, Buti n'ayant pas payé le loyer depuis plusieurs mois. Un juge de New York prend temporairement le contrôle des finances du Fashion Café et nomme un examinateur indépendant pour assumer le contrôle complet du Fashion Café tandis qu'on essaie d'y voir clair dans tout le fatras juridique de l'entreprise. Buti engage comme avocat Stanley Arkin, spécialiste bien connu des affaires criminelles. « Buti sait qu'il est fini et il engage Arkin pour éviter la prison, confie un de ses intimes, il sait que cette fois-ci il ne peut pas s'en tirer, même s'il trouvait l'argent pour payer tous ses créanciers. Beaucoup de gens veulent que Buti paie pour ce qu'il a fait. Il a escroqué tant de gens dans le passé. Il est hors de question qu'il s'en tire indemne. »

Les accusations de détournement de fonds sont les plus graves, comme le soulignent les deux poursuites que lancent les investisseurs contre Buti, son frère Francesco, et le Fashion Café. On les accuse d'avoir ponctionné des millions de dollars de la chaîne des Fashion Cafés. L'argent aurait été versé dans des comptes de banque suisses. Luigi Palma, un des investisseurs, prétend que Buti a détourné des millions pour financer son train de vie, un appartement de 25 000 $ par mois situé dans les Olympic Towers à Manhattan, une propriété au bord de la mer à Southampton et une maison de deux millions de dollars à Miami. Ses voitures de luxe, dont deux Porsche, une Ferrari et trois Mercedes valent plus de 1,5 million de dollars.

Un groupe d'investisseurs irlandais lance une autre poursuite contre Buti. Ces derniers accusent Buti d'avoir ponctionné des millions des Fashion Cafés et d'avoir réinjecté l'argent dans des compagnies dont il a le contrôle afin de pouvoir financer son train de vie princier.

Si l'on en croit Paul Tharp du *New York Post*, Buti a réussi à attirer de nombreux investisseurs, et à lever plus de quinze millions de dollars. Tharp prétend que Buti a obtenu des fonds du groupe d'investissement Toslbury qui a ses bureaux à Dublin, du groupe Dilcomp à Panama, et d'un autre groupe d'investisseurs, Rinwald Investments de Gibraltar. Buti a également obtenu près de cinq millions de dollars d'investisseurs privés. Citons entre autres : le Dr Palma en Floride, un dentiste, le Dr Guido Brachetti de Beverly Hills, deux hommes d'affaires connus à Rome, le comptable Alfredo Chiarizia et un gros entrepreneur en construction, Valerio Morabito. Buti est accusé d'avoir exagéré les profits potentiels du Fashion Café en prétendant qu'il serait bientôt coté en bourse et que les actions seraient vendues à Wall Street. Buti déclare aux investisseurs que la chaîne vaudra bientôt plus de cent vingt millions de dollars et leur fait croire qu'ils feront tous entre quatorze et trente millions de dollars de profit sur trois ans.

« Buti est un vendeur tellement rusé qu'on s'étonne qu'il n'ait pas déjà essayé de vendre le George Washington Bridge, dit l'analyste financier Bert Hayward, les gens qui se sont faits plumer n'étaient pas dans leur état normal... Comment ont-ils pu croire qu'ils feraient un tel profit les trois premières années? Ça n'a aucun sens. J'ai des clients qui sont en liaison étroite avec l'industrie de la mode. Que vous vendiez des vêtements ou des hamburgers, ça prend toujours du temps avant que l'argent rentre. Dès le début, toute l'histoire puait et je m'étonne qu'il y ait si peu de gens qui s'en soient rendu compte. »

Pour comprendre la naïveté des investisseurs, il faut bien voir que Buti est un surdoué qui leur fait une présentation impeccable. De nombreux investisseurs disent qu'ils se sont impliqués uniquement grâce à la force de son plan d'affaires, qui leur semble destiné à la réussite. « J'avais des doutes mais ses chiffres tombaient juste, dit un investisseur, il avait l'air honnête. Je me suis déjà fait avoir, mais cette fois-ci, c'est la pire! On a fait des dîners bien arrosés et il nous a présenté des chiffres auxquels nous ne pouvions pas résister. Il ne fait aucun doute que nous sommes plusieurs à nous être fait piéger par toutes les belles filles que nous pensions y voir. Buti était marié à un mannequin célèbre et la façon dont il nous a présenté les choses nous a convaincus que nous nous retrouverions nous aussi avec un top model si nous nous impliquions dans l'affaire. Au lieu de ça, je me suis retrouvé tout seul et j'ai perdu des sommes folles que je dois tenter de récupérer. Plus jamais je ne conclurai une affaire aussi rapidement. J'ai été stupide. »

Les investisseurs du Fashion Café auraient pu éviter de se faire avoir s'ils avaient fait un peu de recherche sur Buti. Ce play-boy italien qui prétend venir d'une riche famille est en fait le fils d'un fabricant de capsules. Selon le *New York Magazine*, quand Buti arrive à New York de son Italie natale au milieu des années 80, « il n'a pas deux sous en poche ». Si l'on en croit les dossiers des cours de justice italiennes, Buti laisse derrière lui plus de cinquante chèques sans provision pour un montant supérieur à quatre millions de lires. Il a aussi la réputation d'être un véritable escroc. « Il a vraiment un passé très louche, dit le journaliste italien Pietro Gordini, j'ai été surpris d'apprendre qu'il avait réussi à lever autant d'argent pour lancer le Fashion Café. Il n'aurait jamais pu en faire autant en Italie, parce qu'ici il est brûlé et il n'y a pas beaucoup de gens qui veulent faire affaire avec lui. »

Par l'entremise de son porte-parole qui s'adresse au New York Post, Buti nie qu'il ait fait des chèques sans provision. « Ces chèques ont tous été honorés il y a dix ans, mais un ami de longue date déclare que Buti essaie juste de brouiller les pistes. Je peux vous garantir qu'il a fait beaucoup de chèques sans provision en Italie et que chaque fois que j'y retourne, je rencontre encore des gens qui veulent sa peau parce que Buti les a escroqués. Pour ma part, je resterai toujours ami avec lui parce que nous avons traversé beaucoup de choses ensemble mais je ne lui ferai plus jamais confiance, même s'il est innocenté. Un type comme lui peut toujours récidiver. »

Giorgio Santambrogio, un des propriétaires de l'agence Next Modeling qui a dirigé la carrière de la femme de Buti, Daniela Pestova, poursuit Buti pour avoir volé le nom de « Fashion Café » à un restaurant milanais qui existe à Milan depuis plus de vingt ans. Santambrogio déclare en cour fédérale que Buti se sert des mannequins pour faire de l'argent et que les mannequins ne font que des apparitions au Fashion Café lorsqu'elles sont payées pour le faire lors d'événements de prestige. Santambrogio accuse Buti de mener ses affaires « avec des mains sales... Il prétend que les mannequins sont là, mais il ment, les mannequins ne sont pas là. »

L'avocat de Buti ne nie pas les allégations de Samtambrogio. « Personne ne dit que Claudia Schiffer vient toutes les semaines manger un hamburger », déclare l'avocat Judd Burstein à Paul Tharp du *New York Post*, combien de fois avez-vous vu Arnold Schwarzenegger manger à Planet Hollywood ou Wayne Gretzky prendre un repas dans un All-Star Café? Les mannequins jouent un rôle de représentation dans ce commerce, c'est tout. »

Burstein dit à Tharp qu'il serait impossible de savoir si l'histoire de Santambrogio est vraie ou non parce que d'après lui, « il s'est suicidé il y a deux semaines ». Tharp contacte l'avocat de Santambrogio, David Jaroslawicz qui lui répond: « C'est absurde. Je lui ai parlé pas plus tard qu'hier et à moins que j'aie eu un imposteur au bout du fil, Giorgio est en vie. Jamais il ne se suiciderait. »

Cette kyrielle de poursuites judiciaires ne modifie en rien le style de vie de Buti qui fête son trente-cinquième anniversaire chez Nell's, une boîte de nuit luxueuse, où il invite de nombreuses vedettes comme Eva Herzigova, Naomi Campbell et Ivana Trump. La fête coûte à Buti plus de 20 000 dollars. Plusieurs de ses créanciers sont furieux lorsqu'ils l'apprennent le lendemain dans les journaux new-yorkais. « J'avais parlé à Buti quelques jours avant et il me suppliait de lui donner encore un peu de temps, dit un des créanciers du Fashion Café. Quand j'ai lu combien il avait dépensé pour son anniversaire, ça m'a rendu malade. J'ai immédiatement contacté mon avocat et je lui ai demandé d'entamer une poursuite judiciaire. »

En repensant à leur mésaventure, les créanciers du Fashion Café estiment qu'il s'agit là du pire investissement de leur vie. Un des créanciers les plus importants reconnaît qu'il ne s'en est pas encore remis financièrement. « J'aurais pu faire beaucoup d'autres investissements avec cet argent. En investissant dans le Fashion Café, c'est un peu comme si je mettais un trait dessus. Si j'avais pu prévoir que les choses tourneraient ainsi, j'aurais préféré distribuer l'argent aux sans-abris ou à un groupe de personnes défavorisées. J'ai appris une rude leçon sur l'industrie de la mode. La plupart des gens sont des faux-jetons qui ne pensent qu'à coucher à droite et à gauche. Avant cette histoire, une de mes filles voulait devenir mannequin. J'ai essayé de l'aider à entrer dans une agence. Depuis j'ai réussi à la convaincre de continuer ses études. J'ai vu tant de jeunes mannequins se retrouver le bec dans l'eau après quelques années. C'est terrible. »

Parmi la centaine de créanciers mécontents du Fashion Café, on retrouve toute une gamme de compagnies telles que des compagnies dans l'industrie alimentaire, G.A.F. Feelig, la compagnie qui fournit le lait au Fashion Café. G.A.F. Feelig prétend qu'ils n'ont pas été payés pendant des mois et que Buti leur doit plus de 8 700 $. Leur avocat, Michael Shanker confirme que G.A.F. Feelig a décidé de cesser ses livraisons : « Nous les poursuivons pour comptes non payés. Un employé du Fashion Café dit que dès le début de 1998 beaucoup de fournisseurs ont arrêté de livrer.

Quand la rumeur a circulé que Buti avait des milliers de dollars de dettes, les fournisseurs ont cessé de faire affaire avec lui. »

Pendant ce temps, le mariage de Buti est branlant. Si l'on en croit un article paru dans *New York Magazine*, Pestova est furieuse que Buti ne l'ait pas mise au courant de sa situation financière. La journaliste Johanna Berkman rapporte que Buti a versé 480 000 $ à Pestova au nom du Fashion Café et 700 000 $ à une compagnie au nom de Daniela Pestova Entertainment. Berkman découvre que Pestova n'était pas au courant de ces arrangements. Lors d'une interview avec Pestova et Buti, Berkman profite du fait que Buti s'absente pour prendre un appel pour poser des questions à Pestova sur les transactions. « Quels prêts? demande-t-elle choquée, je ne suis pas au courant. C'est intéressant que vous en parliez. »

Une semaine plus tard, Buti et Pestova annoncent qu'ils se séparent. Pestova confie à un ami que s'il n'y avait pas leur jeune fils, elle demanderait le divorce. « Daniela est une personne qui adore la famille et elle veut que son fils grandisse près de son père », confie une amie. Elle ajoute : « Il ne fait aucun doute qu'elle va y repenser à deux fois. Son mari lui a fait des coups qui l'ont vraiment dégoûtée et qui lui ont souvent donné l'envie de le quitter. »

Les créanciers du Café décident que la seule façon de sauver l'entreprise, c'est que Buti démissionne. Après bien des bagarres légales, Buti accepte de donner sa démission, après qu'un juge de New York ait suggéré qu'il se retire jusqu'à ce qu'on y voit plus clair. « Une fois Buti parti, un mouvement s'installe pour sauver le Café. Tout le monde, des serveurs aux hommes de ménage, reprend espoir. « Se débarrasser de Buti était le seul moyen de survivre. S'il était resté, ça aurait été la fin du Café », déclare un des gérants.

Même pour ceux qui ne le connaissent que superficiellememt, Buti ne donne pas l'impression d'avoir envie de réussir dans l'industrie de la mode. Une dizaine de ses proches ont accepté d'être interviewés pour ce livre. Tous ont dit que ce qui intéressait le plus Buti n'était pas de gérer une entreprise à succès mais d'être entouré de filles superbes et de fêter avec elles. « L'idée du Fashion Café est une idée brillante mais il n'était pas fait pour ça, confie un collègue proche de Buti. Si Tommaso avait eu à cœur de réussir et s'il avait été honnête avec les gens, il aurait réussi. Au lieu de cela, il a trompé les gens en espérant qu'il pourrait les dédommager quand le Café marcherait. Il rêvait en couleurs. Très vite on a compris qu'il escroquait tout le monde et ça lui a coûté sa réputation. C'était quasi suicidaire de sa part. »

Le milliardaire new-yorkais Donald Trump a également coupé ses liens d'affaires avec Buti. En décembre 1998, Trump annonce la création du Trump Management Group, avec Buti comme associé. Trump et Buti enlèvent à Elite son meilleur top model, Annie Veltry, et l'engagent pour gérer les opérations quotidiennes du groupe. John Casablancas est fou de rage. Au départ, Trump décide de faire équipe avec Buti parce que ce dernier lui a promis de recruter tous les top models des grandes agences, dont sa femme Daniela Pestova, Eva Herzigova, Stephanie Seymour et beaucoup d'autres. Mais lorsque Trump apprend que Buti a reçu une citation à comparaître du procureur Eliot Spitzer dans une enquête d'allégations de détournement de fonds, Trump décide que c'est assez. Il annonce qu'il met fin à leur entente. « Malheureusement, Tommaso ne sera pas impliqué dans le Trump Management Group ou Trump Models Inc », déclare Trump à Jared Paul Stern. Annie Veltry est la présidente de la nouvelle compagnie. Buti fait rapidement une déclaration disant qu'il donne sa démission. « Les circonstances étant ce qu'elles sont, j'ai démissionné de l'agence. J'ai revendu mes actions à Donald. Je lui souhaite à lui et à Annie bonne chance et je suis sûr qu'ils vont faire du bon travail. »

Cette décision oblige Trump à relocaliser son agence. Il comptait à l'origine installer le nouveau bureau dans l'entrepôt rénové qui a déjà abrité l'usine d'Andy Warhol et où Buti avait son bureau. « Donald craignait les conséquences d'une association avec Buti. Il a bien fait. Buti a brûlé ses vaisseaux et quiconque s'embarque avec lui sur un nouveau projet va au devant de gros ennuis. Il est évident que dorénavant Buti va consacrer une bonne partie de son temps à se défendre contre de vieilles poursuites judiciaires », déclare le chroniqueur de spectacles Bert McFarlane.

Harvey Broomberg est un New-Yorkais dans la quarantaine avancée qui a la taille d'un videur de bar et qui a travaillé comme vendeur de vêtements féminins haut de gamme. Au fil des ans, Broomberg fait la connaissance de nombreux joueurs clés de l'industrie de la mode, tels que Ralph Lauren et Bill Blass. La femme de Broomberg, Katie, a travaillé comme découvreur de talents pour plusieurs agences. Tous deux disent que des entreprises comme le Fashion Café qui croule sous la publicité mensongère font beaucoup de tort à l'industrie. Les Broomberg disent qu'il reste très peu de gens dans l'industrie qui ont encore un sens éthique et que les escrocs se chargent en général de leur faire perdre leur travail.

« Je n'ai jamais vu un commerce dans lequel il y a autant de menteurs et d'escrocs », déclare Harvey Broomberg. « Les gens comme Tommasso Buti font qu'il est très difficile pour les rares gens honnêtes de la profession de gagner leur vie. À tel point que si vous n'êtes pas malhonnête, c'est presque impossible de réussir. »

Selon Broomberg, de nombreuses personnes du milieu de la mode ont recours à de la publicité mensongère pour voler le public. Il dit que la seule façon que les choses changent c'est que les media et le public réagissent et ne laissent pas les nababs de la mode s'en tirer indemnes. « Prenez Buti, dit Broomberg, il passait constamment à la télévision et racontait des mensonges en disant que Naomi Campbell et les trois autres top models étaient co-propriétaires du Café. Les gens venaient dépenser beaucoup d'argent et se faisaient avoir. C'est un peu ce que font, de manière plus subtile, les couturiers. Des mannequins qui présentent les vêtements pour des grands couturiers reconnaissent en privé que jamais ils ne les porteraient si on ne les payait pas aussi cher pour le faire. À mon avis, c'est de la publicité mensongère. C'est un peu comme payer Bill Clinton pour faire des annonces anti-harcèlement sexuel quand tout le monde sait qu'il le fait en coulisses. Le public mérite mieux que ça. Nous en sommes arrivés au point où nous ne savons plus qui croire. »

Au cours des années où elle a travaillé pour des agences de mannequins, Katie Broomberg dit qu'elle a vu des agents mentir sur les antécédents de leurs mannequins. Ils changent des détails comme l'âge, la taille ou le poids. Broomberg dit que les agents font ça pour répondre aux demandes des clients. « J'ai connu un agent à New York qui mentait constamment. Il aurait fait n'importe quoi pour décrocher un contrat à un de ses mannequins. Il faisait prendre des photos où les mannequins pouvaient, au choix, paraître plus gros, plus minces, plus grands ou plus petits. Bon nombre de ces photos sont retouchées digitalement et le tour est joué. Une fois le contrat décroché, quand les mannequins se présentent au studio, le client découvre la vérité et doit s'en contenter. En effet, cela coûte trop cher de renvoyer tous les membres de l'équipe chez eux et de trouver un nouveau mannequin. »

Harvey Broomberg s'en prend aux escrocs qui n'ont pas la patience d'attendre de gagner leur vie honnêtement. Il dit que comme dans d'autres commerces, il faut savoir attendre que l'argent rentre. « Les gens qui commencent dans le métier ont un budget minuscule et après deux ou trois mois ils commencent à paniquer, dit Broomberg, après, ils sont bien obligés de recourir à des tactiques minables pour se maintenir la tête hors de l'eau. Et ça rapporte. Seulement, une fois qu'on y a goûté, on ne revient pas souvent en arrière et ce sont encore des innocents qui paient. » Broomberg raconte ensuite l'histoire d'un fabricant de parfums qui dit que son nouveau produit ne contient que des fleurs de Hollande. Il s'agit en réalité de produits chimiques venant d'une usine de Californie dont plusieurs sont nocifs. L'homme d'affaires a donc vendu beaucoup de parfums aux dépens de nombreuses personnes qui ont acheté le produit en toute innocence. »

Certains refusent de recourir à de telles tactiques. L'honnêteté d'un vendeur comme Bill Lockwood n'a pas remporté les faveurs de ses patrons et est même passée totalement inaperçue dans l'industrie. Selon lui, même son propre employeur Trust Designs a déjà induit en erreur des magasins de détail pour faire grimper ses ventes. C'est la raison pour laquelle Lockwood a refusé il y a plusieurs années de devenir vice-président de Trust Designs qui ouvrait une succursale sur la côte Ouest. « Je n'ai pas accepté parce que ça m'aurait obligé à faire des choses qui sont contre mes principes. En restant vendeur, j'arrive encore à contrôler la situation. Dans le domaine des ventes, votre patron se moque bien que vous ayez un sens éthique ou non! Tout ce qui compte c'est que vous fassiez votre boulot. Ma formule pour le succès a toujours été d'être franc et honnête et je me moque de toutes les histoires qui circulent sur les escrocs qui gagnent des millions de dollars. Au bout du compte, ce qui est important c'est que vous puissiez vous regarder dans le miroir et que vous essayiez d'être heureux. Quand on est malhonnête, ça doit être difficile de vivre en paix avec soi même. »

De nombreux mannequins sont devenus plus sélectifs par peur d'être utilisés pour de la fausse publicité. Certains influencent l'industrie en choisissant de travailler avec des compagnies dont l'éthique rejoint la leur. Plusieurs top models ont refusé, ces dernières années, des centaines de milliers de dollars pour promouvoir des produits fabriqués à base de fourrure, des aliments malsains ou des produits qui viennent de compagnies qui exploitent des pays comme la Chine ou les Philippines. Un mannequin a déclaré qu'on lui a offert une énorme somme d'argent pour présenter des maillots de bain pour Nike. Elle a refusé après avoir lu des rapports disant que Nike possède des usines dans les pays du Tiers-Monde. « J'aurais eu trop honte de gagner autant d'argent sur le dos de milliers d'ouvriers exploités. C'est immoral. Je préfère gagner moins et présenter des produits « propres ». J'aurais au moins le plaisir de présenter des vêtements dont je suis fière. »

Brenda Carmen est une femme ambitieuse. Elle a débuté comme mannequin à la fin des années 60 et travaille actuellement comme découvreur de talents en Californie. Même si Carmen a un beau palmarès à son actif, elle pourrait recruter beaucoup plus de mannequins si, comme ses concurrents, elle faisait de fausses promesses aux jeunes filles qu'elle rencontre. Pour elle, jouer franc jeu est une priorité et tant pis si sa marge de profit en souffre. « Gagner de l'argent n'est pas difficile, quel que soit le domaine où l'on est. En gagner honnêtement est plus dur mais au bout du compte, c'est moi qui y gagne. J'ai deux jeunes filles et je veux être un modèle pour elles. Ça n'est pas toujours facile, surtout dans un métier où il faut bien dire que la vaste majorité des gens sont des escrocs. Les dix pour cent de gens honnêtes sont vigilants. Bien sûr nous ne gagnons pas autant d'argent que nos concurrents mais nos carrières durent plus longtemps. En effet, après quelques années, les escrocs tombent comme des mouches et c'est toujours agréable de savoir que beaucoup d'entre eux finissent en prison ou sont obligés de quitter le métier à cause de leur mauvaise réputation. »

Si de nombreux collègues de Carmen refusent de parler contre les escrocs, beaucoup apprécient son sens moral. « S'il y avait plus de gens comme elle, nous aurions beaucoup moins de problèmes, confie un grand couturier parisien, je la respecte. Le problème, c'est que les gens corrompus sont légion et que la meilleure façon de leur faire concurrence, c'est d'agir comme eux. »

La plupart des mannequins interrogés confient qu'elles sont fatiguées d'être utilisées comme des pions par les éminences grises de l'industrie du spectacle. En juillet 1999, une demi-heure avant que le top model Magali prenne son avion pour Vancouver pour le début du tournage de « Head Over Heels », un film où elle partage la vedette avec des top models comme Shalom Harlow et Sara O'Hare, Magali annule le projet, jugeant qu'il n'est pas pour elle. Elle ne se sent pas à l'aise de jouer le

Top Models

rôle d'un des quatre mannequins qui partagent l'appartement avec le personnage de restauratrice que joue Monica Potter, laquelle tombe amoureuse d'un homme que l'on soupçonne d'être un meurtrier. Magali rejette les nombreuses scènes érotiques du scénario. Elle soupçonne les producteurs de l'engager pour son apparence et pas pour ses talents d'actrice. Un des membres de l'équipe de tournage déclare : « Elle a tout plaqué parce qu'il était évident que les producteurs voulaient faire de l'argent en misant sur son physique. Magali voulait devenir une bonne actrice et elle s'est rendu compte que si elle acceptait le rôle, plus personne ne la prendrait au sérieux par la suite. »

Le critique de cinéma Juan Bernardo applaudit la décision de Magali. Il fait remarquer que les nombreux mannequins qui ont tenté leur chance au cinéma à la fin des années 90 n'ont eu aucun succès. « Les filles vendent leur apparence et à long terme, ça leur fait du tort, dit-il. Prenez des femmes comme Cindy Crawford et Claudia Schiffer, toutes deux apparaissent dans plusieurs films et les critiques ne leur ont pas fait de cadeau. Elles jouent toujours le même rôle et leur jeu est épouvantable. Ça ne facilite pas les choses pour des mannequins comme Magali qui veulent vraiment devenir actrices. Je respecte la décision de Magali de quitter la production du film « Head Over Heels ». Ça fait toujours plaisir de voir qu'il reste encore des gens dans la profession qui valorisent l'intégrité artistique et qui refusent de se prostituer pour de l'argent. »

Dès leurs débuts, les mannequins sont encouragés à participer à des combines malhonnêtes. Shanna Shank, une cover-girl du magazine *Glamour* et vedette de la campagne « Comme des Garçons » a quitté Company

196

Café Chaos

Management pour ID Models sans donner de préavis. Peu de temps après, Megan Morris alors âgée de 13 ans décide d'abandonner Elite Models sans prévenir. Elite a envoyé Morris participer aux finales de son concours « Look of the Year ». Le soir du concours, Morris prend tout le monde par surprise en annonçant qu'elle vient de signer un contrat avec ID Models. « Les gens présents dans le bureau n'en croyaient pas leurs oreilles. Morris fait son apparition, on l'invite au restaurant, on la traite comme une princesse, elle se montre au concours et nous annonce qu'elle passe à la concurrence! De pareilles trahisons ne se seraient jamais vues il y a quelques années. On restait loyal à son agence pendant des années, voire pendant toute sa carrière. De nos jours, c'est vraiment n'importe quoi et c'est triste parce que à ce petit jeu, il n'y a pas de gagnant. On est tous malheureux et paranoïaques. Voilà dans quel état se trouve l'industrie de la mode aujourd'hui. Au lieu de construire, on détruit. Comme tout se sait, au bout du compte tout le monde y perd, beaucoup deviennent aigris et n'ont plus de travail. »

Chapitre 16
EXTASE SUR INTERNET

Plus que tout autre groupe de mannequins auparavant, les top models des années 90 ont chamboulé l'industrie du spectacle en devenant les personnalités les plus recherchées de leur génération. Les top models ont certainement été les célébrités les plus mystérieuses depuis Elvis Presley et les Beatles. Un critique d'Hollywood a dit un jour : « Le public ne se lasse pas des top models. Elles ont détrôné Frank Sinatra, le baseball et la tarte aux pommes. » La nature quasi messianique du phénomène est en partie attribuable à la prolifération des pages personnelles sur le net. Des milliers de pages sur les mannequins ont fait leur apparition. Bon nombre des sites incluent des photos de nu intégral ou partiel des mannequins les plus célèbres tels que Kate Moss, Naomi Campbell, Cindy Crawford et Veronica Webb. Si l'on en croit Brad Chapman, un analyste de New York Internet, de nombreux sites de mannequins comptent parmi les cinq pour cent des sites populaires du web. Chapman dit que les sites reçoivent plus de visiteurs que d'autres sites de célébrités, en comptant des stars du rock et des acteurs.

« Il n'y a aucune comparaison. Ceux qui naviguent sur le net préfèrent regarder les seins de Claudia Schiffer plutôt que de télécharger la nouvelle chanson de Cheryl Crow. Les mannequins sont sans doute le groupe le plus exploité. Des centaines de nouveaux sites naissent chaque semaine avec de nouvelles photos toutes plus aguichantes les unes que les autres. Dans plusieurs cas, il faut payer des frais d'abonnement et les responsables des sites empochent un fric fou. Je connais un type en Californie qui demande quelques dollars par mois pour visiter son site de mannequins et qui a une clientèle de plus de 50 000 personnes. Faites le calcul. Ça n'est pas difficile de comprendre pourquoi tant de gens ont des sites. Ils se font une petite fortune. »

Chapman est inquiet. Il trouve que certains propriétaires de sites vont trop loin pour obtenir des photos exclusives. Il dit que de nombreux concepteurs de sites engagent des photographes connus pour piéger les mannequins et prendre des instantanés, à la manière des paparazzi. Chapman craint que cette mode ne devienne incontrôlable. « On envoie les photographes sur les plages où les mannequins prennent leurs vacances et ils prennent des photos d'elles nues, à leur insu, dit Chapman, c'est une violation de la vie privée. La terre est vaste mais il devient de plus en plus difficile d'avoir une vie privée. Lorsque Naomi Campbell était en vacances dans le Sud de l'Europe l'année dernière, un photographe campait sur le toit de sa villa. À l'aide d'un microphone ultra sensible planté juste au-dessus de la chambre à coucher, le photographe a enregistré ce qui se passait au lit entre Campbell et son amant qui revenaient à l'aube à la villa, après être sortis dans les clubs. Ils ont ensuite téléchargé l'enregistrement sur Internet, et moyennant une légère somme d'argent, on a pu entendre les ébats amoureux de Naomi Campbell. Les gens ne reculent devant rien pour avoir ce que l'autre n'a pas. Tant qu'il n'existera pas de règlements, la chasse restera ouverte. Les célébrités ne pourront plus avoir une minute d'intimité et les paparazzi de l'Internet continueront à s'enrichir à leurs dépens. »

Rob Garo, un concepteur installé à Los Angeles a créé plus de cent sites sur le net qui comportent des photos de mannequins. Garo, qui a lancé son affaire en 1994, reçoit aujourd'hui plus 100 000 visites par jour sur différents sites. Il prétend qu'il y a beaucoup de membres de l'industrie de la mode qui ont remarqué son travail et qui font la queue pour le payer. « Les agents veulent que je mette des photos de leurs mannequins et les couturiers me demandent de mettre des photos de mannequins qui portent leurs vêtements!, dit Garo, ça fait plus de publicité qu'un magazine de mode parce que les gens prennent vraiment le temps de regarder les mannequins sur le net. Quand ils regardent un magazine, ils se contentent de feuilleter les pages. C'est un genre de pot-de-vin. Au début, je refusais de le faire mais ça rapporte trop d'argent pour que je passe à côté. À part l'argent que me rapportent les cotisations, je gagne aussi de l'argent en utilisant certains mannequins. J'arrive à augmenter mes revenus d'au moins quarante pour cent. Il faudrait être fou pour refuser. »

Garo estime qu'en 1997 ses sites de mannequins lui ont rapporté près d'un demi million de dollars. Il a engagé douze employés à temps plein pour l'aider. « C'est devenu complètement fou. Il y a tellement de travail que je n'en verrais pas la fin même si je m'y mettais 24 heures sur 24. » Garo a un plan : pendant les trois années qui viennent, il va continuer à trouver de superbes filles pour ses sites puis il vendra son affaire au prix fort. « Je n'aurais pas de mal à convaincre mes acheteurs potentiels que c'est une entreprise plus lucrative que n'importe quelle autre. C'est franchement incroyable. Les gens sont toujours aussi avides de contempler des mannequins nus et les frais généraux sont pratiquement nuls. Je demanderai des millions pour mon affaire. Mon catalogue de photos de mannequins vaut à lui seul une petite fortune, et c'est sans compter tous les abonnés qui paient chaque mois leur cotisation. C'est vraiment l'avenir et j'ai eu la chance de commencer en bas de l'échelle. Il y a de la place pour tout le monde mais aujourd'hui, je crois que ça serait beaucoup plus difficile de lancer une affaire comme celle-ci parce que la compétition est devenue féroce. »

Garo dit que ce qu'il a préféré dans son travail c'est de frayer avec les plus belles femmes du monde. Avant le web, Garo était assistant en pharmacie. « Je m'ennuyais beaucoup. J'étais entouré de tous ces gens prétentieux du milieu médical. Aujourd'hui, ma vie a changé du tout au tout, je vais dans des soirées où je rencontre des gens comme Claudia Schiffer et Tyra Banks. J'ai beaucoup appris sur l'industrie de la mode. C'est excitant parce qu'il y a tellement de trucs fous qui se passent. Parfois il faut que je me pince pour être sûr que je ne rêve pas. »

Garo a des anecdotes plus étranges les unes que les autres à raconter. Il se souvient d'une soirée de septembre à New York. La fête a lieu dans un loft. Il est assis tout seul, à boire son Martini lorsqu'il remarque deux des top models masculins les plus célèbres en train de se peloter. « Ça m'a choqué. Ces deux types sont les derniers que j'aurais crus gay. L'image qu'ils dégagent est celle d'une super masculinité. Vous auriez dû voir la scène, ils s'embrassaient en se caressant les parties génitales. Peu de gens les ont vus car la pièce était sombre mais je peux dire que c'était une soirée vraiment étrange. Quelques heures plus tard, je me retrouve en train de sniffer quelques lignes de coke avec un couturier européen et trois de ses mannequins femmes. Ils m'ont offert de la coke parce que j'étais assis juste à côté d'eux. Un des mannequins vient s'asseoir sur mes genoux en sniffant sa ligne. J'ai eu une érection. J'étais gêné mais c'était plus fort que moi. J'étais vraiment excité. Plus tard, je l'ai saoûlée au champagne et puis on s'est mis à danser. À la fin de la soirée, on se pelotait. Je l'ai conduite à mon appartement et j'ai passé une des meilleures nuits de ma vie. Pas mal pour un gars qui ne fréquentait que des médecins ennuyeux! »

Brian Donnelly est un sexologue qui travaille aux États-Unis. Il prétend que les sites de ce genre créent beaucoup de tension chez les gens mariés. Donnelly dit que les sites qui offrent des photos explicites sont dangereux et qu'ils sont la cause de nombreuses séparations. « Je reçois un jour une patiente en larmes qui me dit qu'elle a surpris son mari à quatre heures du matin en train de regarder des photos de nus de Cindy Crawford et de Bridget Hall sur le net. Il lui a dit qu'il était tombé dessus par hasard. C'est l'excuse que donnent la plupart des hommes. »

Selon Donnelly, plus de 30 pour cent des couples qui divorcent le font à cause du net. « C'est devenu une vraie maladie. En cliquant vous avez accès à des milliers de photographies plus provocantes les unes que les autres. Les hommes et les femmes ne peuvent plus se retenir. Un homme que je connais a quitté sa femme parce qu'elle passait plus de temps à contempler des photos de Brad Pitt qu'avec lui. »

Une autre cliente de Donnelly surprend son mari en train de regarder de jeunes hommes complètement nus, mannequins également, sur le site torride www.sugarboys.com. Leur mariage de six mois s'est brisé peu de temps après que son mari ait reconnu qu'il était homosexuel. « C'est un des cas les plus bizarres que j'ai vus, explique Donnelly, tout allait bien jusqu'à ce que le mari s'achète un ordinateur et se mette à passer des heures à télécharger des photos de jeunes mannequins. C'est devenu une obsession. Au début, sa femme n'y a pas fait attention. Elle pensait que son mari faisait ça pour s'amuser. Et puis un jour elle est entrée dans son bureau, chez lui, et l'a trouvé complètement nu en train de se masturber en regardant un jeune homme qui ne devait pas avoir beaucoup plus que 16 ans. Ça a été la fin de leur mariage. »

Donnelly conseille aux jeunes mariés d'éviter de passer trop de temps devant l'ordinateur pendant les premières années. Ça leur donne plus de temps dans la chambre à coucher. « La seule façon pour un jeune couple de réussir est de mettre au second plan l'ordinateur et la carrière. Si le taux de divorce est si élevé, c'est parce que les époux ne passent plus assez de temps ensemble. Après quelques mois de vie commune, certains se demandent s'ils sont mariés à un conjoint ou à un terminal d'ordinateur. Les mariages d'autrefois marchaient parce que les partenaires se connaissaient bien. Il y avait moins de distraction. Et je ne crois pas qu'à cette époque il était fréquent en rentrant chez soi de trouver son conjoint en train de regarder une photo de nu. Nous devons retrouver les valeurs simples et éviter toutes ces distractions qui s'avèrent si préjudiciables pour le mariage. »

En juin 1998, Ellen Worrell, originaire du Michigan, répond à une annonce sur l'internet où l'on recherche des photos de jeunes mannequins *hot*. Worell, âgée de 19 ans, qui veut devenir mannequin, envoie ses photos à un concepteur de site à Chicago. Après de nombreux envois de courrier électronique, on lui offre un voyage gratuit à Chicago et une chance de devenir mannequin. Dès son arrivée à l'aéroport O'Hare, Worrell est traitée d'une façon à laquelle elle ne s'attendait pas. Le concepteur est venu la chercher dans sa vieille Camaro de 1979. Dans la voiture, il lui offre de la marijuana et du scotch. Elle fume une partie du joint pour « avoir l'air cool » comme elle dit. Lorsqu'ils arrivent à un hôtel miteux situé près du

South Side de Chicago, Worell dit que le type la convainc de le laisser entrer dans sa chambre. À peine entré, il enlève sa chemise, débouche une autre bouteille de scotch et sort un sac de cocaïne. Worell a peur que l'homme ne devienne violent et commence à boire et à fumer avec lui. Elle dit qu'après une heure, il lui saute littéralement dessus et déchire sa robe. Puis il la force à avoir des rapports sexuels plusieurs fois et il la sodomise. Worrell tombe inconsciente. Lorsqu'elle se réveille plusieurs heures plus tard, le type a filé. Elle n'entendra plus jamais parler de lui. Elle tente de retrouver sa trace par le courrier électronique mais il a changé d'adresse et semble avoir disparu. Worrell tente de visiter le site qui l'a conduite à son cauchemar, mais le site est fermé. Elle ne porte pas plainte à la police de peur que ses parents ne l'apprennent et ne la renient pour être allée à Chicago malgré leur avertissement. « J'ai été naïve et stupide. J'aurais dû écouter mes parents et rester à la maison. Je me dis que j'ai de la chance d'être encore en vie et je sais à présent que l'ambition peut être mortelle. Je pensais que cette annonce me donnerait l'occasion de me faire connaître tout en gagnant un peu d'argent en faisant ce que j'aime. Le type m'avait promis par courrier électronique que je ne poserais pas nue pour la séance photos. J'ai été assez idiote pour le croire. Quand je suis rentrée chez moi je n'en ai parlé à personne pendant des semaines. Puis plusieurs mois ayant passé j'ai tout dit à ma famille. Il était trop tard pour agir, mais ça me console un peu de savoir qu'en lisant mon histoire, d'autres jeunes femmes ne tomberont pas dans le même piège que moi. Nous sommes des proies faciles pour le net. N'importe qui peut placer de fausses pages et envoyer de faux renseignements par courrier électronique tout en faisant passer le tout pour une affaire légale. »

Worrell a quitté le métier de mannequin et s'est inscrite à une école d'infirmières. Elle dit que pour elle c'est vraiment fini parce qu'elle a trop peur que ça fasse remonter de mauvais souvenirs. « J'ai commis une erreur idiote et maintenant je paie pour. C'est dommage parce que j'ai toujours voulu être dans *Vogue*, comme Cindy Crawford et Linda Evangelista. Si je pouvais repartir à zéro, je me ferais faire un portfolio et j'essaierais de me trouver du travail. Mais c'est trop tard. J'aurais trop peur de me refaire piéger. J'achète encore *Vogue* et *Elle* et je rêve de ce que ma vie aurait pu être si je n'avais pas été escroquée sur Internet. »

Les cerveaux qui dirigent l'industrie de la mode ont réussi à installer sur Internet des sites et des promotions pour faire de l'argent. Le 3 février 1999, les surfeurs du net regardaient très attentivement le premier défilé de lingerie retransmis en direct par *Victoria's Secret*. Les grands patrons de la compagnie ont eu l'idée de diffuser en ligne ce défilé de mode - qui a lieu tous les ans à New York et pour lequel les gens paient 10 000 $ le billet — afin de promouvoir leur site et faire grimper leurs ventes sur le net. La compagnie dont le siège est à Columbus dans l'Ohio et qui est une filiale de Intimate Brands Inc. a frappé un grand coup. Plus d'un million de personnes ont accédé au site moins d'une heure après avoir regardé les annonces publicitaires de *Victoria's Secret* pendant la retransmission télé du Super Bowl, lequel avait lieu une semaine avant la retransmission en ligne du défilé. « C'était une idée brillante, déclare l'analyste du web Ian Harmon, la réaction a battu tous les records. Des millions de gens qui ont vu les publiciés pendant le Super Bowl se sont branchés les jours suivant la pub, pour voir ce qui se passait.

La personne qui a eu cette idée mérite une grosse augmentation. »

« Le web est un moyen supplémentaire de rejoindre de nouveaux clients comme les hommes par exemple », dit Cynthia Fields, directrice générale du catalogue de *Victoria's Secret*. Fields dit que suivant les recherches, le pourcentage d'hommes qui achètent à partir d'Internet est beaucoup plus élevé que celui des hommes qui achètent sur catalogue. « C'est beaucoup moins stressant pour un homme d'acheter de la lingerie en ligne que dans une boutique », dit Evie Black Dykema, analyste pour Forrester Research, une firme qui contrôle les technologies en ligne. « Vous pouvez compléter une transaction sans avoir à parler à personne. »

Le défilé de mode qui commence à 19 heures, heure de l'est, met en vedette plusieurs des top models les plus torrides comme Heidi Klum, Laetitia Casta, Tyra Banks et Stephanie Seymour. Le défilé bénéficie d'un battage publicitaire jamais vu sur Internet. Près d'un million de gens se sont branchés. Le site web de *Victoria's Secret* est tellement occupé que plusieurs surfeurs ne parviennent pas à se brancher, ou bien une fois qu'ils l'ont fait reçoivent des messages de « Congestion du web » qui ralentissent l'alimentation vidéo. Résultat : tout s'arrête ou on les débranche. « C'est un événement qui passera à l'histoire », dit Mark Cuban, le président de Broadcast.com, qui a produit le défilé de mode en ligne et qui a alimenté le site. Il ajoute : « Je ne prétends pas que ça a la qualité de la télévision. C'est plus une question d'accès, d'avoir accès à des choses qui seraient impossibles à voir autrement. »

L'événement a lieu sur le podium de Cipriani à Wall Street. De riches hommes d'affaires et des célébrités triés sur le volet assistent au défilé. Tout le monde a les yeux braqués sur Stephanie Seymour qu'on a chargée de sonner la cloche de fermeture de la Bourse. Elle porte un ensemble bleu très classique. *Victoria's Secret* mise sur l'espoir que des centaines de milliers d'hommes visiteront leur site pour acheter des cadeaux à leur femme ou à leur petite amie à la Saint-Valentin. Mais les images en découragent beaucoup. « J'ai accédé quelques minutes au site avant de me débrancher. La qualité du vidéo était épouvantable, dit Frank Bertucci du Maine, je n'ai pas été impressionné. C'était un bon coup publicitaire avec les annonces du Super Bowl et tout le battage publicitaire qu'on a fait avant l'événement. Mais le résultat était désastreux. À mon avis, ça a fait plus de tort que de bien à la compagnie et à moins qu'ils n'améliorent la qualité, je ne crois pas que les gens marcheront l'année prochaine. »

Selon Bruce Sandworth, un technicien expérimenté dans le domaine de la télévision, le gros problème c'est qu'il n'y avait qu'une caméra, située à l'extrémité du podium, pour transmettre les images. « Il faut qu'ils renforcent leur équipement et qu'ils fassent des dizaines de tests avant le défilé, dit Sandworth, j'ai été très surpris par le résultat parce qu'une compagnie de cette envergure est censée veiller à ce que tout soit en place. Ils n'étaient pas prêts à ce qu'il y ait autant de monde qui se branche. J'ai lu quelque part qu'une représentante de la compagnie avait dit qu'elle attendait quelque 250 000 personnes. S'ils avaient fait une recherche plus approfondie, ils se seraient rendu compte que les sites des mannequins étaient devenus les sites les plus populaires du net et ils auraient pu éviter la catastrophe. »

Deux articles seulement de la collection de printemps de *Victoria's Secret* sont vendus en ligne après la fin de la transmission. L'ensemble V-String qui est annoncé comme un super cadeau de Saint-Valentin et le soutien-gorge Dream Angel. Les acheteurs avaient également la possibilité d'acheter à partir des catalogues existants.

La grande déception de *Victoria's Secret* est que la transmission sur le web n'a pas impressionné les investisseurs. La veille du défilé, les actions d'Intimate Brands et de Broadcast.com chutent rapidement. Les actions d'Intimate Brands qui ont doublé en quatre mois, atteignant 443/16, tombent de 25/16 à 41, soit une chute de 5,2 pour cent. Quant aux actions Broadcast.com, elles tombent de 4,9 pour cent le lendemain du défilé, perdant sept points pour clôturer à 137. Dur coup si l'on sait que les quatre mois précédents, leurs actions avaient plus que quadruplé. « Je ne crois pas que ça les empêchera de dormir. La fluctuation des actions Internet est rapide », dit l'analyste financier Mark Fleming. « Prenez Amazon.com, si vous aviez acheté ses actions il y a deux ans, vous seriez millionnaire à l'heure qu'il est. Et c'est la même chose pour les actions comme Ebay.com et priceline.com. »

Au bout du compte, *Victoria's Secret* dit que les gens qui se sont branchés en nombre record pour regarder le défilé sont satisfaits de ce qu'ils ont vu. Beaucoup ne partagent pas cet optimisme et souhaitent qu'à l'avenir les choses s'améliorent. « Tous ceux qui aiment les belles femmes seraient fous de laisser passer la chance de voir Heidi Klum et les autres mannequins défiler sur le podium en petites tenues, dit le photographe de mode Allan Klein, cet événement deviendra le Super Bowl de l'industrie de la mode. Mais avant il faut absolument apporter les changements techniques qui s'imposent. »

Victoria's Secret a dépensé plus de cinq millions de dollars à commercialiser et produire ce défilé de mode. Une porte-parole de la compagnie déclare que ni les problèmes techniques ni la chute de leurs actions ne les ont découragés. « Nous recommençons l'an prochain, mais cette fois à une plus grande échelle. Ce premier défilé était une sorte d'essai pilote. Vous pouvez être sûrs que l'an prochain, tout marchera bien. »

Inès Rivera, Stéphanie Seymour et Karen Mulder présentent les modèles de la ligne de lingerie futuriste « Anges 2000 » de Victoria's Secret.

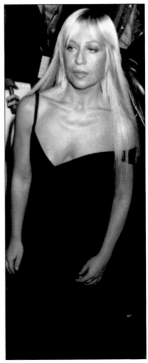

Donatella Versace s'est attiré de nombreuses critiques depuis la mort de son frère

Cindy Crawford devient maman en 1999

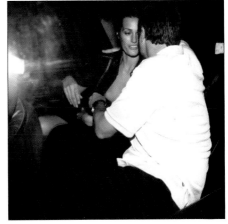

Yasmin et son mari Simon LeBon s'étreignent sur la banquette arrière d'une limousine

Kate Moss a déjà dit qu'en dix ans elle n'avait jamais défilé « à jeûn ». Elle entre dans une clinique de désintoxication en novembre 1998. La même année, Moss et l'acteur Johnny Depp mettent fin à une relation pour le moins houleuse.

Iman a été top model pendant des années. Elle reçoit plus de publicité que jamais lorsqu'elle épouse la star du rock David Bowie (à gauche)
Valentino en compagnie d'Emma et de Jodie Kidd (à droite)
Christie Brinkley et Brooke Shields « Sois belle et tais-toi » (en bas)

Certains ont surnommé Naomi Campbell la
« Jackie Robinson de la mode ». Elle a
ouvert la voie à d'autres mannequins noirs
comme Tyra Banks (ci-dessous)

MILK
Where's your mustache?

Les top models les plus célèbres tombent souvent amoureuses de stars du rock. La plupart des relations ne durent pas comme en témoignent Rachel Hunter et Rod Stewart, Mick Jagger et Jerry Hall, Helena Christensen et le chanteur du groupe INXS, décédé, Michael Hutchence.

Les mannequins de la nouvelle vague sont plus intelligents que jamais. Plusieurs possèdent des diplômes universitaires. (En haut) Adriana Sklenarikova est le mannequin vedette de Wonderbra qui connaît un succès extraordinaire de même que Devon Aoki (en bas à gauche) et Amber Valetta (en bas à droite).

(Ci-dessus) L'équipe de rêve des top models masculins. (En bas) Les jeunes mariés dans leur costume en cartes de crédit. (En bas à droite) Créations Pierre Cardin dans les années 60.

Chapitre 17
JOHNNY POT-DE-VIN

Mark McCormak n'est pas l'homme le plus riche ni le plus puissant à diriger une agence de mannequins. Cet ancien agent d'athlètes a possédé des agences de mannequins pendant près de quinze ans sans réussir à faire de gros profits. La seule chose qui permet à McCormak de se maintenir à flot est sa réputation d'honnêteté. En outre, il n'a pas peur de s'occuper de mannequins en fin de carrière comme Verushka et Jean Shrimpton. McCormack est un des principaux associés d'une agence établie à Londres et fondée par l'ancien mannequin Laraine Ashton, et de l'agence Legends, de New York, dont les associés sont d'anciens mannequins et des gens liés de près au monde de la mode. Plusieurs disent qu'il a de la difficulté à jongler avec ses deux métiers. « Le problème c'est qu'il s'occupe des athlètes et des mannequins. C'était un homme formidable, très aimé dans le milieu. Mais il ne pouvait pas être à deux endroits en même temps », dit un de ses anciens collègues.

Les choses changent instantanément quand McCormack engage comme assistant l'agent d'IMG Chuck Bennett. Ce dernier chamboule tout : il congédie le personnel, change tous les mannequins et met sur pied un réseau international de dénicheurs de talents. Bennett convainc McCormack de cesser d'utiliser le nom de Legends et d'entrer dans la famille IMG.

En peu de temps, Bennett réussit à attirer les mannequins les plus recherchés au monde, incluant Niki Taylor, Lauren Hutton et Liv Tyler. « Je me suis battu des années pour percer dans ce milieu. Ça a fini par rapporter. » Peu de temps après avoir engagé Bennett, le téléphone ne dérougit pas. « Tout le monde veut engager nos mannequins. C'est un revirement de situation que je ne croyais pas possible », déclare McCormack.

Bennett met sur pied le meilleur réseau financier du milieu. Sa manière de diriger est unique. Il commet rarement les erreurs des autres agents. Apprendre tous ces secrets grisants est une véritable obsession. « Bennett est un gars qui bouge. Il n'hésite pas à vous renvoyer sur le champ s'il n'aime pas ce que vous faites. Il prend des décisions rapides. C'est la formule gagnante dans ce métier. Il faut savoir réagir vite et bien », déclare un mannequin d'IMG.

À l'exception peut-être de John Casablancas d'Elite, Bennett en sait plus que n'importe qui. Il sait évaluer le potentiel d'un nouveau mannequin. La plupart des agents tergiversent et laissent passer des occasions. Bennett, lui, est en tête du peloton. Il sait prendre en compte les impondérables comme la commerciabilisation d'un mannequin et ses talents à communiquer avec les media. C'est un stratège né et un grand observateur. Il sait que la personnalité et le caractère d'un mannequin jouent un rôle important dans les retombées financières.

« Chuck Bennett est quelqu'un qui ne s'arrête pas à l'apparence d'un mannequin. Il prend en compte toutes les variables qu'il juge importantes et pour être engagé, un mannequin doit remplir toutes les conditions. C'est son goût pour l'excellence qui a fait son succès à IMG », rapporte le journaliste Martin Smith.

Le nom de Bennett évoque aussi les pires excès qu'ait connus la profession. Son garage, plein de Mercedes, Ferrari et Porsche, fait penser à une concession de voitures de luxe. « Il a toujours adoré vivre dans le luxe, dit un de ses proches amis, il estime qu'on ne doit reculer devant rien pour conclure une affaire. Son compte de dépenses est illimité. Il n'est pas rare qu'il dépense des milliers de dollars au restaurant en invitant les top models les plus célèbres pour les convaincre de signer un contrat avec IMG. Il envoie des fleurs à leur mère, fait des cadeaux à la famille. Cette prodigalité ne plaît pas toujours à ses patrons qui ne disent trop rien, sachant mieux que personne que sans Chuck ils auraient dû fermer boutique. »

Tandis que Bennett s'enrichit et lance la carrière de plusieurs top models, les critiques ne manquent pas. Certains de ses collègues lui reprochent de ne pas leur rendre suffisamment justice. D'autres n'apprécient pas sa façon de faire des affaires. Ça rend Mark McCormack furax mais il n'a pas vraiment le choix. « Mark a un grand respect pour Chuck mais ils étaient rarement sur la même longueur d'ondes, révèle une ancienne secrétaire d'IMG, ils étaient souvent en désaccord et on avait parfois l'impression qu'ils allaient en venir aux mains. Heureusement ça s'arrêtait avant. En fin de compte, Mark aurait été fou de contredire un type aussi précieux pour ses affaires. »

Un mannequin d'IMG qui insiste pour se faire appeler Mary se souvient de Bennett comme d'un homme mal élevé et brusque qui a étouffé sa carrière après être devenu l'associé de McCormack. Mary est une brune au teint clair, élancée, qui a fait les couvertures des grands magazines entre 1979 et 1983. Elle prétend que Bennett ne lui a pas donné sa chance après la fusion. « Il voulait du sang neuf et était bien décidé à se débarrasser de nous. Il ne s'est jamais senti à l'aise avec les gens qui en savaient plus que lui. Il considérait les anciens mannequins comme des fauteurs de troubles. » dit-elle.

Dès leur première rencontre, son attitude lui déplaît. Mary dit qu'il l'a mise à l'index et l'a traitée comme un « tas de viande ». Elle qualifie sa façon de faire des affaires de « brutale » et estime que cela lui a coûté sa carrière. C'est un agent d'IMG qui la découvre alors qu'elle travaille comme hôtesse de l'air. Elle dit que Bennett serait plus aimé s'il s'était montré plus franc. « C'était une véritable énigme. Un jour il donnait l'impression d'être votre meilleur ami et le lendemain il vous appelait dans son bureau pour vous dire que vous étiez renvoyé. Il faut le faire! »

Mary accuse Bennett d'avoir ruiné sa carrière et affirme que son renvoi lui a valu bien des malheurs. Deux semaines plus tôt, à New York, elle aperçoit Bennett très exubérant dans les coulisses à la fin d'un défilé. Mary le surprend en train de parler au téléphone à un de ses collègues d'IMG. Il dit qu'il a beaucoup aimé sa performance ce soir-là, qu'elle a été formidable. Il ajoute : « Elle a le potentiel d'aller très loin et je ne connais pas beaucoup de mannequins de sa catégorie. »

Mary saute de joie. « Chuck ne fait pas facilement des compliments, alors l'entendre parler de moi comme ça, ça m'a vraiment fait plaisir, se souvient-elle, en général, après un gros défilé, les mannequins vont fêter. Mais moi j'étais tellement excitée que j'ai sauté dans un taxi et suis rentrée chez moi. Je voulais être parfaite pour le lendemain. J'avais une grosse séance photos pour *Elle*. »

Deux semaines plus tard, toujours sans nouvelles d'IMG, elle commence à se douter de quelque chose. Un agent de ses amis lui apprend que Bennett a dit que des mannequins de son âge — elle a 23 ans à l'époque — commencent à être trop vieux pour le métier. « Quand j'ai entendu ça, j'étais effondrée. C'est à partir de ce moment-là que j'ai commencé ma descente aux enfers. Je me suis mise à boire et à prendre de la drogue plus que jamais. La seule fois où je lui ai reparlé, c'est par une sombre journée que je n'oublierai jamais. Il m'a convoquée dans son bureau pour me dire qu'il n'avait plus besoin de moi. J'avoue que j'ai souvent regretté d'avoir quitté mon emploi d'hôtesse de l'air. »

Tania Clark, un ancien mannequin qui connaît Mary, dit que c'est par dépit qu'elle accuse Bennett. « D'abord elle n'a jamais été un grand mannequin. Chuck Bennett savait pertinemment ce qu'il faisait quand il a formé sa nouvelle équipe. Tout ce qu'il a fait c'est probablement de dire aux filles qu'elles n'étaient pas faites pour le métier. Tout ce que les autres mannequins m'ont dit de lui est positif. »

Mary dit que la vie de top model est loin d'être aussi séduisante qu'on le prétend. Les mannequins vivent dans de petits appartements étroits et enfumés et passent la moitié du temps à avoir peur les unes des autres ou à craindre que leurs agents obsédés ne les suivent un jour chez elles. « Pendant cinq ans, ma vie a été un véritable enfer. Des hommes sonnaient à ma porte à cinq heures du matin pour convaincre l'une d'entre nous de coucher avec eux. Des mannequins débarquaient à six heures du matin ivres mortes et complètement gelées et essayaient de s'arranger tant bien que mal pour une séance photos qui avait lieu une heure plus tard. Plusieurs de mes bonnes amies qui étaient des mannequins très célèbres comme Janice Dickinson, Patti Hansen et Paulina Porizkova étaient elles aussi très malheureuses à cause de la façon dont on était traitées par les gens du milieu. Janice m'a confié un jour qu'elle avait souvent envie de tout quitter. Elle avait le sentiment que sa vie lui échappait. Mais nous n'avions pas le choix, il fallait continuer. Dans ce milieu, si vous remettez en question l'autorité, on vous remplace illico. »

Mary dit que ce qui l'attend est encore pire. Elle cherche désespérément du travail et a peur d'être mise à l'index. Elle accepte de coucher avec un agent d'Elite qui lui promet de l'aider. Le rendez-vous a lieu dans une boîte de nuit branchée d'East Village et se termine à l'hôtel. « Il m'appelle pour qu'on aille prendre un verre et me dit qu'il veut me faire une offre. Je ne suis pas plutôt arrivée qu'il me dit que j'ai l'air affreuse et que je suis trop grosse. Je me mets à boire pour cacher ma déception et ma honte. Je prends au moins sept tequilas et nous fumons deux ou trois joints. C'est alors qu'il exige que je couche avec lui. Je lui dis qu'il est complètement dingue. »

L'agent lui dit qu'il essaiera de convaincre John Casablancas de la prendre si elle accepte de coucher avec lui. « Je me suis dit que c'était ma dernière chance de décrocher un contrat et je suis allée à l'hôtel avec lui et nous avons eu des rapports sexuels. Il s'est conduit comme un vrai porc. Il m'a parlé de sa femme qui l'attendait chez lui avec leurs deux enfants en croyant qu'il faisait des heures supplémentaires au bureau. Quand on est arrivés à l'hôtel, il m'a forcée à lui faire une pipe. Quand il m'a pénétrée il était vraiment violent, on aurait dit qu'il se défoulait. Le lendemain j'ai appelé Elite mais il a refusé de me parler. J'ai laissé plusieurs messages, sans succès. Je ne lui ai pas reparlé depuis. Une semaine plus tard, j'ai chargé une de mes amies mannequins qui travaille chez Elite de demander à Casablancas s'il était toujours intéressé à m'engager. Casablancas a répondu que l'agent ne lui avait même pas parlé de moi et qu'il n'était absolument pas intéressé. Ça a été la fin de ma carrière. » Anéantie, Mary fait une dépression nerveuse qui dure plusieurs années. Tout son argent passe en drogues et à un moment donné elle vit dans les rues de New York comme une clocharde, quémandant de l'argent aux touristes.

Il faudra plus de dix ans à Mary pour se remettre. En 1996, elle entre dans un centre de désintoxication à New York. Après une année de traitement, elle recommence à travailler pour la première fois depuis sa mésaventure. Elle se trouve du travail comme vendeuse dans le rayon vêtements d'un grand magasin new-yorkais. « Certains clients la reconnaissaient, du temps où elle faisait la couverture de *Vogue* et d'autres magazines de prestige, déclare la patronne de Mary, Jesse Burke, ils sont surpris de la voir travailler ici. Mary a la tête sur les épaules et elle ne se laisse pas atteindre. Elle est très consciencieuse et son passé est un atout. Ce n'est pas tous les jours qu'un ancien top model de classe internationale vous aide à choisir vos vêtements. »

Le consultant Derek Browne quant à lui dit que Mary n'a qu'à s'en prendre à elle-même. Il dit que souvent les mannequins ne tiennent aucun compte de la réputation de certains agents qui comptent parmi les hommes les plus répugnants de la profession. « Certains mannequins savent que leur agent est un salaud. Au lieu de le quitter, elles endurent des années de misère. Un jour elles sont des reines et le lendemain, plus personne ne veut d'elles. Émotivement c'est très dur. »

Selon Derek Browne, l'important est de trouver un agent qui a la réputation d'être aimé de ses clients. C'est aussi vital, dit-il, que de signer un contrat avec un agent intelligent capable de tenir tête aux gens de l'industrie. « Un mannequin a besoin d'un agent qui a du discernement et qui sait faire le tri dans toutes les foutaises que peuvent raconter les couturiers et les magazines. Sans un agent dur en affaires, il est impossible de survivre.

Top Models

Pendant deux ou trois ans, les filles gagnent bien leur vie mais ça s'arrête généralement là. Si elles n'ont pas quelqu'un de bien pour s'occuper de leurs intérêts, elles se préparent à avoir de sérieux ennuis. Beaucoup de mannequins se retrouvent sans le sou et sont obligés de se trouver des boulots ordinaires. »

En 1988 l'émission « 60 Minutes » de CBS diffuse une enquête troublante sur la façon dont les mannequins se font droguer, violer ou harceler par les propriétaires des plus grosses agences du monde. Le journaliste Craig Pyes révèle que Claude Haddad d'Euro-Planning et l'agent Jean-Luc Brunel tous deux à Paris, sont accusés par plusieurs mannequins de harcèlement sexuel. La mauvaise réputation de Haddad auprès des mannequins femmes est légendaire. Au début des années 80, Haddad forme une co-entreprise avec John Casablancas de l'agence Elite. Haddad a déjà été un des agents les plus importants d'Europe, ce qui attire Casablancas qui a ouvert des bureaux à New York. Eileen Ford coupe toute relation avec Haddad et Casablancas voit là l'occasion rêvée de tirer profit des multiples relations de Haddad. Casablancas déchante et comprend vite pourquoi Ford a cessé de travailler avec Haddad. Après une courte association, Casablancas cesse lui aussi de travailler avec lui en 1984. Si l'on en croit l'auteur Michael Gross, Casablancas aurait dit à un journaliste que Haddad était coupable d'adultère. « Claude Haddad a une façon sournoise d'essayer de coucher avec les filles. C'est lamentable. J'ai coupé tout contact avec lui après lui avoir envoyé une fille. Il ne lui a pas parlé, il ne lui a pas tenu la main, il a couché avec. Tout ce qu'il faisait, c'était coucher avec elle. J'avoue que j'étais gêné pour lui. Ce type a un pénis à la place du cerveau. »

Un ancien mannequin qui a travaillé pour Haddad au milieu des années 80 l'accuse de « grossière indécence ». Haddad la menace de la mettre à l'index si elle refuse de se faire sodomiser. « C'est vraiment une merde. Il n'était gentil avec vous que si vous acceptiez tout. Une fille qui ne prend pas de drogue, qui ne boit pas et qui ne lui fait pas de pipe doit s'attendre à tout de sa part. J'ai été naïve quand je l'ai rencontré, je me suis fait avoir par son charme bidon. J'ai couché avec lui plusieurs fois avant de me rendre compte qu'il couchait avec au moins cinq ou six autres filles en même temps. Un soir il voulait me sodomiser. On avait déjà fait l'amour plusieurs fois, j'étais fatiguée et j'avais mal, alors j'ai refusé et c'est là qu'il m'a menacée de mettre fin à ma carrière. »

Lorsqu'il travaille avec les Ford, Haddad rencontre le mannequin Suzy Amis, ancienne gagnante du concours « Popular Face » des années 80. Amis qui a alors 17 ans devient la maîtresse de Haddad pendant deux ans avant de retourner à New York en 1982. À en croire un agent qui l'a déjà représentée, Haddad laisse bien des blessures ouvertes. « Suzy était une fille jeune et innocente avant de le rencontrer. Il a profité de sa naïveté, il s'est servi d'elle à tous les niveaux. Ces deux années ont été très dures pour Suzy qui n'avait aucune idée du monstre qu'il était en réalité. »

Au cours de l'entrevue, la journaliste de *60 Minutes*, Diane Sawyer questionne Haddad sur les accusations portées contre lui. Haddad ne montre aucun remords, il a même l'air fier de ses conquêtes sexuelles. Sawyer lui demande quel effet cela fait de se réveiller chaque matin dans un appartement plein de mannequins. Il répond « Ce sont des fleurs, alors je sens leur parfum. C'est ça, je les respire. »

Sawyer lui demande ensuite s'il a déjà essayé de faire fleurir quelques-unes de ces fleurs. « Il n'y a pas de fumée sans feu, il y a toujours un peu de vérité dans ce qu'on raconte. Je les serre contre moi... J'essaie de flirter avec elles. » Sawyer demande alors à Haddad s'il a déjà violé des mannequins ou s'il leur a fait du chantage sexuel. La réponse alarmante ne se fait pas attendre : « Je ne me rappelle pas. Peut-être. C'est possible. Je ne sais pas. »

Plusieurs années après, Haddad déclare à Michael Gross qu'il est encore en colère contre le reportage de *60 minutes*. Il l'appelle « la vengeance des filles médiocres », des filles qui ne sont jamais devenues top models. « Je suis entouré de filles superbes. OK. J'essaie de les baiser, ça n'est pas un crime. En France, on peut baiser toutes les filles qu'on veut. » Il dit à Gross qu'il en veut à Diane Sawyer d'avoir mené l'entrevue comme elle l'a fait. « Cette fille qui m'a interviewé, est-ce qu'elle peut jurer qu'elle n'a jamais couché avec des gens pour réussir ? Je déteste les Américains. Je veux débarrasser le business de toutes ces Américaines qui sont des prostituées, des caisses enregistreuses et des putains. Vous êtes les gens les plus dégueulasses que je connaisse. Je ne suis pas amer. Je constate. Les filles qui ont baisé avec moi, elles l'ont peut-être fait pour obtenir quelque chose de moi ? Peut-être que je les aime ? En tous cas, aucun mannequin célèbre ne s'est jamais plaint d'avoir couché avec moi. »

Les agents de mannequins les plus puissants, soit Haddad, Casablancas, Gérald Marie et Jean-Luc Brunel ont plus de traits en commun qu'ils veulent le reconnaître. Ce sont des hommes rusés, sans scrupules et hauts en couleur. La seule chose qui les intéresse c'est d'accumuler argent et pouvoir. Tous les quatre entretiennent une relation d'amour-haine les uns avec les autres. « Parfois, on dirait qu'ils sont les meilleurs amis du monde, déclare le journaliste Martin Smith, mais ils se jouent tous des tours dans le dos. Je crois qu'une des principales raisons pour lesquelles ils font ce métier, c'est pour avoir du pouvoir sur des femmes jeunes et magnifiques. Pendant longtemps, ils n'ont fait aucune déclaration publique les uns sur les autres. Et pour cause! Tous les quatre ont été des play-boys qui pouvaient sortir dans les clubs de New York et de Paris chaque soir avec une fille différente. J'en ai déjà vu un peloter une femme dans un club à Paris vers 11 heures du soir, puis une autre à minuit et une troisième vers 2 h 30 du matin. Le mot d'ordre est : baiser autant de femmes que possible pour satisfaire leur gros ego. »

Jean-Luc Brunel est un des play-boys français les plus connus. L'agent, qui a son bureau à Paris, est sorti avec des centaines de filles aussi superbes les unes que les autres. Il a été marié au mannequin suédois Helen Hogberg, laquelle a divorcé de Brunel en 1979, l'accusant d'infidélité et de consommation de drogues. Brunel, déprimé et fauché s'occupe des réservations dans l'agence de Karin Mossberg à Paris. Mossberg fait sa connaissance par son ex-femme. Elle l'engage pour faire concurrence aux autres agences de prestige qui ont engagé des agents comme Haddad qui sont de véritables requins de la finance. En l'espace de deux ans, Brunel chamboule tout et devient le principal propriétaire de l'agence. Chez Karins, de nombreux mannequins prétendent que Brunel les exploite sexuellement. Un ancien mannequin accuse Brunel de l'encourager à coucher avec quelques-unes des personnalités les plus influentes de l'industrie, histoire d'augmenter son chiffre d'affaires. « C'était un type sordide et corrompu jusqu'à la moelle. Ça l'a sûrement aidé dans ses affaires, mais il a fait de multiples victimes. »

John Casablancas dit à Michael Gross à quel point Brunel salit l'image du milieu : « Je le méprise en tant qu'homme pour avoir avili la profession. Il n'y a pas de justice. Ce type devrait être en prison. Il y avait une petite clique, Gilles, Jean-Luc, Patrick et Varsano. C'était le type à payer l'avion à toutes les filles de Karins et à passer le week-end avec elles à St-Tropez. Dans les boîtes parisiennes, ces messieurs ont la réputation de faire du chahut. Leur technique : inviter des filles et leur verser de la drogue dans leur verre. Tout le monde sait que ce sont des salauds. »

« J'ai rencontré pas mal de gens miteux dans ce métier, mais Brunel arrive nettement en tête! déclare le journaliste Martin Smith, il voulait baiser le plus de mannequins possible. Je connais beaucoup de filles, dont certaines sont encore adolescentes, qui ont des histoires d'horreur à raconter à son sujet. Un type comme lui mérite qu'on lui coupe les couilles. Ça n'est pas humain de faire souffrir les femmes comme il le fait. »

Un ancien mannequin, Karins, qui souhaite garder l'anonymat dit que Brunel et un groupe d'amis ont invité plus d'une dizaine de mannequins à une soirée privée dans un de leurs appartements et qu'à la fin de la soirée, ils ont forcé au moins sept femmes à coucher avec eux. « La plupart des femmes disent que c'était un viol. Mais elles ont peur de porter plainte à la police, de crainte que Brunel ne nuise à leur carrière. C'est comme ça qu'il s'en tire chaque fois. Il connaît beaucoup de gens haut placés qu'il paie indirectement en leur offrant des rendez-vous avec des femmes superbes. Dans la plupart des pays, il serait considéré comme un individu dangereux. »

Tous les mannequins qui ont travaillé avec Brunel ne partagent pas cette opinion. Christy Turlington a travaillé avec lui et a même habité souvent dans son appartement. Elle n'a pas vu le côté noir de Brunel. « Il m'a très bien traitée. J'adore ce type. Il a beaucoup fait pour le milieu et je n'ai eu que des expériences positives avec lui. »

Le journaliste Craig Pyes qui a fait le reportage pour l'émission « 60 minutes » diffusé à CBS peint Brunel comme un homme obsédé par le sexe et la drogue. Une fille mannequin confie à Pyes que Brunel l'a encouragée à prendre de la drogue avec lui à plusieurs reprises. « Il me donnait toujours un petit flacon de cocaïne. En fait, il fait ça avec toutes les filles. »

Un autre ex-mannequin de Brunel qui désire garder l'anonymat dit qu'elle n'est pas surprise par l'enquête de Pyes. Elle prétend que Brunel lui a fait plusieurs fois des avances quand elle travaillait pour lui et qu'il l'a obligée à coucher avec lui sur le sol de sa cuisine. « On était défoncés et soûls un soir et Jean-Luc a commencé à me déshabiller et il m'a pénétrée. Je me souviens que le lendemain je me demandais si je devais ou non porter plainte à la police pour viol. »

Après la diffusion du reportage de CBS, plusieurs joueurs importants de l'industrie coupent toute relation avec Brunel, y compris Ford Models. Eileen Ford qui prétend qu'elle n'était pas au courant des frasques de Brunel lui dit de prendre la porte quelques semaines après la diffusion de l'émission. Ford qui a toujours admiré Brunel tente de convaincre les mannequins de ne pas coopérer avec Craig Pyes lors de son enquête. Après la diffusion de l'émission, Ford est sous le choc et cesse de faire affaire avec Brunel. « Je crois qu'Eileen savait ce que Jean-Luc faisait mais elle ne voulait pas le reconnaître parce qu'il était son bras droit en Europe, dit le journaliste Martin Smith, elle est très déçue. Elle qui se targue d'avoir un grand sens de l'éthique ne peut pas faire autrement que le mettre à la porte. Elle est horrifiée d'apprendre que Brunel est accusé de droguer des mannequins à leur insu pour pouvoir coucher avec elles. Elle convoque une réunion d'urgence et obtient le consensus pour cesser toute relation avec Brunel. »

La veille de l'émission « 60 Minutes », Brunel épouse le mannequin Roberta Chirko, qui a été sa petite amie pendant deux ans. Plusieurs personnes pensent que Brunel a planifié ce mariage en prévision du reportage. Brunel dément et insiste pour dire qu'il est amoureux de Chirko et qu'il s'agit d'une coïncidence. Il est possible que le mariage ait été planifié, mais il est aussi certain qu'il n'a aucune chance de durer, déclare un mannequin qui a été sa maîtresse, Jean-Luc étant incapable de s'engager émotivement. C'est un coureur invétéré et son mariage n'y changera rien. »

Peu de temps après leur mariage, Chirko apprend qu'il a des liaisons. Chirko est follement amoureuse de lui. Elle commence par faire comme si de rien n'était. Elle lui demande des explications à plusieurs reprises mais il nie tout. Elle demande à deux de ses amies mannequins qui fêtent souvent avec lui de lui faire un rapport. Les nouvelles ne sont pas bonnes. Chirko découvre que Brunel continue à vivre sa vie de play-boy. Le cœur brisé, elle le quitte et entame des procédures de divorce. Elle reste amie avec lui et continue à travailler pour Karins New York. « Je l'admire tellement. Elle a connu des moments épouvantables, dit le journaliste Martin Smith, dans ces cas-là, la plupart des gens coupent les ponts mais dans son cas, je suppose que si elle a continué à le voir, c'est parce qu'elle avait besoin de travailler. »

Plusieurs de ses proches disent qu'il n'éprouve aucune honte de ce qu'il a fait à Chirko. « Les gens peuvent dire ce qu'ils veulent, je sais qu'il n'était pas fier de lui, confie un agent de chez Karins, il aurait bien aimé sauver son mariage parce que Roberta comptait beaucoup pour lui. Il m'a souvent dit combien il aimait être seul avec elle, loin du chaos de ce métier. C'est sûr qu'il souffre de don juanisme, ça tout le monde le savait. Ça a fini par lui jouer des tours. Ça lui a coûté son mariage. Pendant tout son divorce, on voyait qu'il était très mal. Au fond, c'est vraiment le type d'homme qui adorerait se caser et fonder une famille. Malheureusement, son ego est énorme. Il veut que les mannequins l'aiment parce qu'il a besoin d'impressionner les gens pour mieux les contrôler ensuite. C'est compulsif. Peut-être que s'il se trouvait un autre boulot il arriverait à s'assagir? Peut-être que quand il aura fait le ménage dans sa vie les gens réaliseront qu'il n'est pas aussi mauvais qu'on le croit? »

Brunel dit à des amis que le reportage de « 60 Minutes » n'est pas équilibré. Il est déçu que Craig Pyes n'ait pas dit plus de choses positives à son sujet. « C'est un reportage intéressant et il y a beaucoup de choses vraies dedans, mais ça ne montre qu'une face de la médaille. Je prends mon travail très au sérieux et j'ai travaillé dur pour arriver là où je suis. J'aurais aimé qu'on parle des quelques bonnes choses que j'ai faites. »

Brunel n'est pas le seul à trouver le reportage tendancieux. « Je le connais depuis plusieurs années et laissez-moi vous dire que personne ne travaille aussi dur que lui, déclare un des ses collègues, CBS a fait un portrait à la hache de Jean-Luc. Et alors, qu'est-ce que ça peut faire qu'il aime coucher avec de superbes mannequins? Il n'y a pas beaucoup d'hommes qui n'en feraient pas autant s'ils étaient à sa place! C'est dommage que le journaliste de CBS n'ait pas creusé un peu plus pour découvrir qui est le vrai Jean-Luc. Il se soucie de ses mannequins et il en a aidé plusieurs qui traversaient de mauvaises passes. Il traite les gens avec qui il travaille comme s'ils étaient de la famille et sa porte est toujours ouverte aux mannequins actuels mais aussi aux anciens mannequins qui travaillaient avec lui. »

Le journaliste Craig Pyes a cependant dit à Michael Gross que des agents comme Jean-Luc Brunel et Claude Haddad essaient juste de brouiller les pistes en niant leurs méfaits et qu'ils comptent parmi les gens les plus corrompus de l'industrie de la mode. « Des centaines de filles ont été non seulement harcelées mais aussi molestées. » Gross cite Pyes qui dit dans son bestseller intitulé *Model : The Ugly Business of Beautiful Women* : « Ce n'est pas un divan, c'est un tapis roulant. »

De nombreux mannequins dans le reportage de Pyes confirment qu'elles ont été droguées et maltraitées sexuellement par Brunel et par son entourage dans des soirées. Pyes dit que deux des mannequins qu'il a interviewés ont fait une dépression nerveuse et ont fini en hôpital psychiatrique après que Brunel et ses amis les aient prétendument drogués et maltraités. »

« Le reportage de CBS a laissé l'industrie de la mode en état de choc, dit la consultante en mode Esther Reese, les parents des jeunes filles sont indignés et hésitent fortement à laisser leurs filles poursuivre une carrière de mannequin. C'est même incroyable que Brunel ait pu continuer à travailler après le reportage. Il aurait dû être banni de l'industrie. Au lieu de cela, il continue à être un joueur important. »

Les agents de mannequins qui sont des gens corrects — et minoritaires — craignent qu'on ne les croit tous coulés dans le même moule. Plusieurs d'entre eux font tout ce qu'ils peuvent pour se distancier du reportage de CBS. « Mon agent de Paris est un homme très correct qui s'est consacré à sa femme et à ses trois enfants, dit Esther Reese, après le reportage de « 60 Minutes », il craint qu'on ne prenne tous les agents pour des ordures. Il s'est décarcassé pour ses mannequins. Il a montré des copies du reportage à de nouveaux mannequins qui voulaient qu'il les représente. Il veut que les filles soient au courant de la face sombre de la profession. J'en ai connu qui avaient des agents corrects. Elles pensent la même chose. Chaque agent a subi longtemps les abus de pouvoir de quelques gros agents. Il est important que les jeunes mannequins sachent que ce ne sont pas tous des escrocs. Il y a des gens bien. Il faut juste prendre le temps de les trouver. »

La rivalité entre les trois grands, à savoir Ford, Elite et IMG atteint son paroxysme après le reportage. Résultat : l'agence Ford coupe ses relations avec ses agents étrangers impliqués. Loyale, Eileen Ford s'est toujours opposée à l'ouverture de bureaux Ford à l'étranger. Elle craint que cela nuise au bureau de New York. Après bien des discussions, Katie, la fille unique de Ford, convainc ses parents d'étendre leurs activités.

C'est à la fin des années 80 que Katie Ford, ancienne consultante en gestion joint les rangs. Elle pense que la seule façon pour Ford de rester compétitive est d'ouvrir des agences partout dans le monde. « Il y a partout de bons mannequins qui ont besoin d'être représentés dans leurs marchés respectifs. C'est la seule façon d'y arriver », déclare-t-elle.

En mars 1991, Ford s'installe à Paris, rue de Rivoli. Au départ, les choses se passent très mal. En effet, les agents rivaux salissent la réputation de Ford auprès de tous les mannequins qui vivent à Paris. En fait, ils tentent d'empêcher le raid anticipé de Ford sur leurs top models. Leur intuition est correcte. Naomi Campbell et Christy Turlington montent à bord immédiatement, suivies de Shalom Harlow, Amber Valletta, Elle MacPherson et Rachel Williams. Ford offre les primes les plus élevées de l'industrie aux découvreurs de talents et aux petites agences. Ford offre aussi cinq fois le prix des agences rivales aux gens qui découvrent les mannequins les plus chauds. La guerre des mannequins est déclarée.

« Ford a fait un blitz, déclare Dan Hess qui connaît bien le milieu de la mode, ils sont venus en Europe et ont tout ratissé avant qu'on ait le temps de dire ouf. Ça a déplu à beaucoup de gens. Ford a raflé tant de nos meilleurs clients. Ça a créé une atmosphère de tension dans une profession déjà très méfiante. Je ne me souviens pas avoir vu quelqu'un faire une razzia comme Ford s'est permis de le faire au début des années 90. »

Le fait que les autres grandes agences ne puissent pas faire concurrence à Ford ne fait pas l'affaire des grands couturiers. Le bruit court que les couturiers consentent à traiter avec de nouvelles agences comme Metropolitan Models à Paris. Soutenue par un trio de nababs de la mode, incluant l'ancien mannequin et agent d'Euro-Planning Dominique Galas, Metropolitan secoue l'industrie de la mode. L'agence aide Claudia Schiffer à signer un contrat sans précédent de six millions de dollars en 1993 pour être le nouveau visage de Revlon. Si l'on compte les prestations de

Schiffer pour le couturier de Chanel Karl Lagerfeld, Schiffer devient le premier top model à gagner plus de dix millions de dollars par an.

« C'était scandaleux, dit Hanni Bernstein, ancien agent de mannequin, d'un côté vous avez tous ces agents qui travaillent comme des chiens à représenter les dizaines de mannequins dont ils s'occupent. Puis Metropolitan arrive et fait plus d'argent avec un mannequin que tous les agents confondus. Ça n'est pas Metropolitan que ça devrait s'appeler, mais « La Claudia Shiffer Agency ». Sans elle ils n'auraient jamais pu être aussi importants. C'est quand même incroyable qu'un seul mannequin ait obtenu autant d'argent. Ça a fait réfléchir les agents. Ils ont réalisé que ça ne valait pas la peine de se fatiguer à représenter tant de filles différentes. Tout ce qu'il faut, c'est faire un grand coup avec un seul mannequin. Grâce à Claudia Schiffer, ils n'ont pas de problème de compte en banque! »

Schiffer ne fait pas l'unanimité. Beaucoup lui reprochent d'avoir créé un précédent dangereux. « Claudia faisait l'envie de tous, dit un mannequin, elle a redéfini les règles. Je la plains parce qu'on la prend pour une fille coincée uniquement parce qu'elle est vraiment belle. C'est vrai qu'elle a gagné plus d'argent que n'importe qui d'autre, mais à la limite, ça n'est pas de sa faute. Elle a eu la chance d'avoir un bon agent et elle est la première à l'admettre. Elle sait très bien que si elle n'avait pas eu le contrat du siècle avec Metropolitan, elle ne serait probablement qu'un visage ordinaire. Dans ce métier, c'est quatre-vingt-dix pour cent de battage publicitaire et dix pour cent de talent. Il y a tellement de filles magnifiques et de visages intéressants. La mise en marché, c'est la clé. S'il n'y a pas quelqu'un qui s'occupe de la mise en marché, ça n'est pas la peine de continuer. Vous perdez votre temps. »

« Que les gens disent du mal d'agents comme John Casablancas ou Jean-Luc Brunel ne change rien à l'affaire. Si la fille ne veut pas se retrouver à faire du 9 à 5 sous-payée, il lui faut un agent. Celles qui trouvent qu'elles sont maltraitées n'ont qu'à s'en prendre à elles-mêmes. Personne ne les oblige à sortir avec des types nuls jusqu'aux petites heures du matin. Je suis mannequin et je ne peux pas supporter ces filles qui se prostituent avec ces types pour avoir du travail. C'est un manque de responsabilité et de professionnalisme », de conclure le mannequin.

La fondatrice de Click, Frances Grill a su gagner le respect de tous les mannequins. Elle investit jusqu'au dernier sou et va même jusqu'à hypothéquer sa maison pour lancer son agence, dont le nom est bien sûr un hommage aux photographes de mode avec lesquels elle a travaillé dans une autre agence, Ten. Grill estime qu'il n'y a pas assez d'hommes mannequins et c'est surtout à elle que l'on doit la montée du phénomène. Elle fait signer des contrats à plusieurs mannequins à l'allure différente, comme Jenny O, qui est chauve, et Toye, qui est transsexuel. « C'est une femme attentionnée, fonceuse et pleine d'idées », se souvient Talisa Soto, le mannequin Click qui devient le premier top model hispanique célèbre, mais plus que tout, elle est juste. Le luxe tapageur et la frime, ça n'est pas son genre. Elle cherche à créer de l'art, à créer quelque chose de nouveau. Les agents feraient bien de s'en inspirer. »

La réputation de Click d'être différente en fait une agence très dynamique. Bientôt les photographes de mode font la queue pour travailler avec les mannequins de Grill. Cette dernière n'accepte de travailler qu'avec des gens très

232

corrects. Talisa poursuit : « Elle est au courant des horreurs qu'endurent les mannequins, et elle défend ses mannequins en s'assurant qu'on les fera travailler dans de bonnes conditions. Le photographe de mode Bruce m'a confié un jour qu'il avait hâte de travailler avec des mannequins de chez Click parce qu'il savait que la séance photos serait différente des autres. « J'en avais marre de photographier des filles plus ennuyeuses les unes que les autres pour les rendre toujours plus provocantes. Avec Click, c'est excitant de photographier des mannequins tatoués, chauves ou qui portent un mohawk. »

Buzzy Kerbox n'a jamais oublié la faveur que lui a faite Frances Grill. Au début des années 80, après s'être vu refuser plusieurs contrats, le surfer décroche un contrat avec Ralph Lauren. Kerbox est reconnaissant que Grill lui ait donné sa chance à une époque où personne ne voulait de lui. « Elle m'a beaucoup aidé parce que dans mon sport, ça n'est pas facile de décrocher ce genre de contrat. C'est bon pour moi, mais aussi pour le surf. Les gens vont mieux connaître mon sport. Grill aurait pu donner leur chance à des athlètes plus en vue. Je la remercie de m'avoir fait confiance et d'avoir eu l'esprit assez ouvert pour essayer de nouvelles choses. »

Edward Garrett, historien de la mode, dit que s'il n'y avait pas des gens comme Grill, l'industrie des mannequins serait morte il y a des années. « C'est une profession qui a tellement mauvaise réputation. Heureusement qu'il y a encore des gens comme Grill pour redonner de la crédibilité à l'industrie. Les gens vont finir par se réveiller et c'en sera fini des agents escrocs. Les choses redeviendront stables et les mannequins ne risqueront plus leur vie. »

Chapitre 18

LE CINQUIÈME BEATLE

Si Paul McCartney récolte encore toute la gloire, sa fille Stella fait aujourd'hui partie de la nouvelle génération qui est en passe de révolutionner le milieu de la mode. Considérée par plusieurs comme la plus douée des grands couturiers, McCartney ne se berce pas d'illusions et ne se sert pas de la force d'attraction de son père, Sir Paul. Stella fait tout ce qu'elle peut pour se distancier et refuse tout traitement de faveur. « Je suis moi. Quand on m'a engagée, ça n'était pas pour mon père mais parce qu'on croyait en moi. Je suis très fière de mon nom et du fait que je vienne d'une famille d'artistes. C'est vrai que j'aurais pu facilement me passer de travailler mais je suis une artiste et c'est en créant des vêtements que je m'exprime. C'est ce que j'aime faire et c'est là-dedans que je veux exceller. »

Stella McCartney a un discernement étonnant. Elle reconnaît les imposteurs au premier coup d'oeil. Elle sait que les rumeurs sont dangereuses et que les faits sont périssables. Beaucoup de grandes maisons ont commis l'erreur de chercher à l'exploiter. « Stella est une jeune femme sensible et intelligente, dit d'elle la journaliste Maria Kent, il est très difficile de lui raconter des bobards. Il faut dire que quand on est la fille de l'une des personnalités les plus célèbres du monde, on a une certaine pratique. Stella a un sixième sens pour ces choses-là. C'est je crois ce qui explique le succès qu'elle connaît aujourd'hui. En effet, il est rare dans ce milieu que le fils ou la fille d'une vedette ait du succès. Stella est de loin un des couturiers qui montent, et c'est à son seul talent qu'elle le doit. »

McCartney n'a pas connu le succès du jour au lendemain. À 15 ans, elle travaille chez Christian Lacroix, puis pour Betty Jackson et *Vogue*. Elle est diplômée de la prestigieuse école de mode, le St. Martin's College of Art and Design. Pendant qu'elle fait ses études, la presse britannique n'est pas tendre avec elle. Le jour de la remise des diplômes, il y a des dizaines de journalistes venus de partout dans le monde qui lui demandent si elle essaie de profiter de son nom. On tente de la culpabiliser du fait que les amis qui se sont déplacés pour la voir s'appellent Naomi Campbell, Kate Moss et Yasmin LeBon. « J'avais de la peine pour elle, parce que Stella est vraiment une fille qui a les pieds sur terre et qui n'essaie pas de tirer la couverture », dit Karen Unger, une photographe pigiste qui a couvert l'événement. Elle ajoute : « Il est normal que Stella invite les gens qui lui sont chers à assister à son défilé de fin d'année. Et puis tous ceux qui la connaissent savent qu'elle ne ressemble pas du tout au portrait qu'en font certains journalistes. Stella est une fille simple, naturelle, amicale. On ne dirait jamais qu'elle est la fille d'un homme aussi connu que Paul McCartney. »

McCartney déclare au *London Daily Telegraph* qu'elle ne s'attendait pas à ce qu'il y ait autant de photographes. « Je n'en ai jamais vu autant. J'ai grandi dans une famille normale, très protégée. J'ai été élevée à la campagne et je suis allée dans des écoles normales. Pour moi mes parents ne sont pas Paul et Linda McCartney... tout le monde dans le village nous a adoptés après quelques années. Je ne disais à personne que la veille, j'avais dîné avec Stevie Wonder. Il ne s'agissait pas de ça. J'ai vécu une vie normale, et je ne l'ai pas vraiment mise en perspective. Je me souviens que je disais à mon

père : "Allez, papa, mets ta chanson au hit-parade."
Je croyais que ça se faisait tout seul. »

« Je n'ai dit à aucun journaliste que ce jour-là je
quittais l'école. Je ne l'ai dit à personne quand j'ai
passé l'entrevue pour entrer à St. Martin's. Je n'ai
jamais essayé de faire partie d'un club... »

En avril 1995, Stella McCartney fait les
manchettes : Chloe vient de l'engager comme
styliste en chef. Chloe fait partie du prestigieux
groupe Vendome qui compte dans ses rangs le
concepteur des montres Piaget, Alfred Dunhill,
Mont Blanc et Cartier. McCartney succède au
légendaire Karl Lagerfeld. Le président de Chloe,
Mounir Moufarrige lui offre un contrat de plus de
100 000 livres par an, dépenses non comprises.
Stella déclare qu'elle veut apporter son propre style
aux maisons de couture françaises. « Je veux mettre
une touche anglaise et je suis très excitée qu'on
m'ait choisie. »

McCartney passe son entrevue après que
Lagerfeld ait annoncé son départ au début de 1997.
Le grand couturier désire en effet se consacrer
davantage à sa ligne de vêtement KL, à la maison
Chanel et à Fendi. Selon un directeur marketing de
chez Chloe, Stella McCartney se démarque des
dizaines de couturiers qui passent l'entrevue. Le
directeur général de Chloe dit que son style
d'époque et ses robes de boudoir sexy retiennent
l'attention de tous. « Ses vêtements ont un style
classique très doux, très féminin, tout en ayant un
petit côté provocant, qui correspond tout à fait à la
formule de la maison. Lors de l'entrevue, tout le
monde a été soufflé par l'originalité de son travail.
Stella a un talent fou. »

Les gens du milieu ne se privent pas pour lancer
des attaques publiques à McCartney. On l'accuse en
effet d'exploiter le nom de son père. Selon un top
model, « personne ne lui prêterait la moindre

attention si elle n'était pas la fille de Paul McCarney et en plus elle est loin d'avoir le talent qu'on lui prête ». Le couturier Paco Rabanne l'accuse de voler les idées des autres couturiers : « Ce qu'elle fait n'est pas de la mode, c'est de la mise en marché d'image. Elle est grotesque et fait pitié et sa production est vraiment nulle. Elle copie Chantal Thomas et fait des robes couvertes de métal en prétendant que ça n'a jamais été fait avant elle. »

L'experte en mode Tina Wogan n'est pas d'accord. « Paco Rabanne dit n'importe quoi, et ce n'est pas pour rien qu'on le surnomme Wacko Paco. Il devrait réfléchir avant de parler. S'il y a quelqu'un qui essaie de se faire de la publicité gratuite, c'est bien lui. Il fait des prédictions insensées sur la fin du monde et il a déménagé de Paris, convaincu que la station spatiale russe Mir va s'écraser et détruire la France. Stella est un des couturiers les plus brillants qu'on ait vus depuis des années. Quiconque connaît un peu la mode en conviendra. À mon avis, ceux qui la critiquent sont des jaloux. »

Paul McCartney est fou de joie en apprenant que sa fille vient d'être engagée chez Chloe et il dit qu'elle le mérite bien car elle a travaillé très dur. « C'est formidable pour Stella. C'est un énorme défi mais je suis sûr qu'elle sera à la hauteur. Sa mère et moi et toute la famille sommes très fiers d'elle. » L'engagement fait particulièrement plaisir à sa mère Linda, atteinte d'un cancer du sein qui l'emporte en avril 1998. Quelques mois auparavant, Linda fait sa dernière apparition en public à un des défilés de Stella. Six mois après la tragédie, Stella lui dédiera sa collection de printemps. Le défilé de Paris est très bien accueilli et plusieurs critiques estiment que c'est le meilleur de tous. Une note manuscrite insérée dans le programme se lit comme suit : « Je dédie cette collection à ma mère. Tout. Et à mon père, à mon frère et mes soeurs pour la force qu'ils me donnent. » Paul McCartney qui porte un élégant costume d'Edward Saxton est assis au premier rang, à côté du frère de Stella, James, de Ringo Starr et de sa femme Barbara Bach. Un siège reste vide en l'honneur de Linda. C'est la première fois depuis que Stella a obtenu son diplôme en 1995 que son père n'est pas avec sa mère à un de ses défilés. « Je sais qu'elle est là-haut et qu'elle me voit, je sais qu'elle me protège, confie Stella dans les coulisses, après le défilé, c'est comme si elle était là, sauf qu'elle n'y est plus. C'est pour elle que j'ai fait tout ça. »

La troisième collection de Stella pour Chloe comporte des modèles de lingerie grivois qui portent sa marque de fabrique, des robes en mousseline de soie, des jupes en satin et des T-shirts. Sa ligne de maillots et d'accessoires de bain comporte des imprimés en blason qui ont pour motif la nature, en l'honneur de sa mère qui était une ardente militante pour les droits des animaux. Après le défilé qui a lieu au Palais Brongniart à la Bourse de Paris, Stella a droit à un tonnerre d'applaudissements, les gens sont debout dans la salle pour l'acclamer. « Linda aurait été tellement fière, dit le journaliste François Bérubé, Stella a traversé tant d'épreuves ces derniers mois. Son courage et son talent sont tout à fait remarquables. Ses vêtements sont sublimes et ce soir elle a prouvé qu'elle avait sa place parmi les grands. »

Paul McCartney est rayonnant. Il dit que les créations de sa fille ont plus de valeur à ses yeux que ses propres chansons. « J'aime tout ce qu'elle fait mais cette collection est exceptionnelle. Douce, féminine et jolie. » Ringo Starr ajoute : « J'adore les collections et j'avoue que pour réussir un tel défilé dédié à sa mère, il faut avoir beaucoup de classe. »

Stella McCartney a su imposer sa propre identité. Lorsque John F. Kennedy Jr a tragiquement perdu la vie en juillet 1999, on a dit que c'était une épreuve pour lui que d'être à la hauteur de son père. Sa famille et ses amis faisaient pression pour qu'il suive les traces de son père en politique. « J'ai du mal à parler d'héritage ou de mystique, déclarait Kennedy Jr. lors d'une entrevue en 1993, il s'agit de ma famille. Toutes ces épreuves que nous avons traversées, tous ces obstacles que nous avons surmontés nous ont rapprochés. » La femme de Kennedy, Carolyn Bessette et sa sœur aînée Lauren ont également péri dans l'écrasement. Bessette était connue du monde de la mode pour avoir travaillé comme agent de publicité pour Calvin Klein au début des années 90. Un ami intime dit que la jeune femme blonde et au physique saisissant était une grande admiratrice de Stella McCartney sur le plan professionnel comme sur le plan humain. « Elle admirait beaucoup son travail, déclare Jenny Wong, un ancien mannequin qui a rencontré Bessette par l'entremise d'un ami commun. Il ajoute : « Elle m'a dit un jour qu'elle n'en revenait pas de l'indépendance de Stella. Carolyn dit que John John admirait Stella et l'enviait de s'être fait un nom bien à elle. C'est la raison pour laquelle John John a lancé *George Magazine* au lieu de se présenter comme sénateur. Comme Stella, il souhaitait se faire un nom en travaillant dans un domaine très différent de celui de son père. » Carolyn Bessette disait souvent à ses amis combien elle méprisait la façon dont les media traquaient son mari. Lorsqu'elle a épousé JFK Jr. en 1996, elle est rapidement devenue un symbole de la mode, faisant la couverture de nombreux magazines. Beaucoup ont fait le parallèle entre son sens de la mode et le goût de Jacqueline

Kennedy pour les chapeaux minuscules. Sa relation avec Kennedy éclipse ses réussites chez Calvin Klein et est une des raisons pour lesquelles elle quitte son travail pour devenir une épouse à plein temps.

« Elle n'a jamais été à l'aise avec tous ces journalistes, dit un de ses couturiers préférés, Yohji Yamamoto, elle se défend en affichant une réserve que ses proches ne lui connaissent pas. Dans le privé, elle a un humour fou et adore s'amuser. Et puis Carolyn est également une femme généreuse. »

Lorsque Stella McCartney est engagée chez Chloe, plusieurs tabloïds britanniques laissent entendre que c'est grâce à son nom. Un autre journal la descend en flammes et prétend que ses modèles ne vont qu'à des mannequins ultra minces avec de fortes poitrines. « C'est bizarre, déclare Stella à la journaliste britannique Hilary Alexander, elles me vont à moi et pourtant on ne peut pas dire que je ressemble à Kate Moss. Paris (l'assistante de McCartney) les porte aussi et elle a plutôt de grosses fesses, et ma mère les porte aussi. »

En fait, McCartney ne mâche pas ses mots quand elle critique les idées reçues sur la beauté et les normes vestimentaires. Elle croit que nous pouvons tous avoir belle apparence et que nous devrions nous sentir libres de porter les vêtements qui nous plaisent, quels que soient notre taille ou notre poids. « J'espère vraiment qu'après toutes les luttes qu'elles ont menées, les femmes vont avoir assez de confiance en elles pour porter ce qui leur plaît, déclare-t-elle au London Daily Telegraph en février 1999, je crois vraiment que les femmes se sentent plus libres et qu'elles comprennent mieux leur sexualité et leur façon de penser. D'accord, j'ai des seins, j'ai des hanches et j'ai des cheveux comme ça et tout, mais c'est moi, c'est ce que je suis. J'espère qu'en voyant tous les magazines et tout ce qui se dit sur les femmes et la mode, elles auront assez de discernement pour connaître leur véritable identité. »

Dans une industrie à l'instinct grégaire et bourrée de stéréotypes, le moins qu'on puisse dire c'est que Stella McCartney est une fille qui déménage! Elle se démarque des autres parce qu'elle sait se faire accepter par ses pairs et la presse pour qu'on lui laisse son propre espace. Ses tendances anti-establishment frisent l'hérésie. Elle est pour une mode d'innovation, elle est pour les mannequins taille X, elle est contre la fourrure, elle est pour la protection de l'environnement et elle est contre le racisme. Une raison qui explique pourquoi Stella peut se permettre d'offenser les gros bonnets de l'establishment est que ses créations parlent d'elles-mêmes. « Stella est à la mode ce que le jeune Cassius Clay était à la boxe, dit le journaliste Robert Fenton, elle n'a pas peur de dire ce qu'elle pense et de prendre position pour améliorer les conditions du milieu. En outre, personne ne peut nier qu'elle a un talent qui n'appartient qu'à elle. »

Chapitre 19
DU SANG NEUF

Parmi les nouveaux top models, beaucoup travaillent plus dur que jamais. La compétition est telle que les mannequins acceptent des centaines de petits contrats avant d'espérer décrocher une séance de photos importante. Bien que certaines possèdent des maisons à travers le monde, elles n'en profitent souvent qu'un ou deux mois par an. En effet, elles sont obligées de vivre dans de minuscules appartements à New York ou Paris en attendant de devenir le prochain top model. « C'est épuisant, dit l'assistante Deidre Stober, ce n'est pas comme vivre en banlieue de New York, faire ses deux heures de voiture pour aller au bureau et retrouver sa maison le soir. Un mannequin doit vivre en pleine ville et être disponible vingt-quatre heures sur vingt-quatre. Les filles ne peuvent pas se permettre de laisser passer une occasion. C'est un travail plus exigeant qu'on ne le croit. »

Comme l'ère du Club des Six tire à sa fin, de nouveaux visages feront leur apparition dans les magazines, sur les panneaux d'affichage et dans les abris-bus. « La succession n'est pas facile, dit le journaliste Esmond Choueke, c'est un peu comme quand Mickey Mantle a remplacé Joe DiMaggio. La pression est souvent intolérable et beaucoup ne tiennent pas le coup. La seule façon d'arriver est de travailler deux fois plus dur et d'étudier attentivement comment des mannequins comme

Top Models

Claudia Shiffer et Kate Moss ont atteint le sommet. »

Il faut croire que le travail et le stress ne font pas peur aux jeunes mannequins puisqu'il y en a plus que jamais sur le marché. L'industrie de la mode connaît actuellement sa plus longue période de croissance continue et des milliers de jeunes mannequins, hommes et femmes, frappent aux portes des agences. C'est un phénomène mondial et les nouveaux venus misent sur leur physique avantageux pour se trouver du travail.

Pour aspirer au titre de top models, les jeunes mannequins devront se montrer très inventifs. À en croire plusieurs joueurs clés de l'industrie de la mode, en l'an 2 000 la tendance sera aux mannequins venant de tous les coins du monde. Cela donnera à l'industrie une saveur plus exotique et exigera qu'on augmente le nombre de dénicheurs de talents qui devront passer au peigne fin les rues de villes exotiques à la recherche de nouveaux visages.

Quand sa carrière démarre en Amérique du Nord, le mannequin Adriana Sklenarikova est déjà une super star en Europe, principalement à cause du fait qu'elle est le mannequin vedette de Wonderbra. Sklenarikova, qui a été élevée à Brezno en Slovaquie, est étudiante en médecine lorsqu'elle devient mannequin. Elle est loin cependant de connaître le succès du jour au lendemain. Elle a déjà eu plusieurs petits contrats comme mannequin, et on a pu la voir au cinéma dans de petits rôles, comme dans le film « Prêt-à-porter » de Robert Altman, mais son plus grand titre de gloire est de figurer dans le livre des records Guinness. Sklenarikova est en effet la femme qui a les plus longues jambes du monde, soit un peu plus de 1,2 m.

« Adriana sera le top model le plus célèbre des années à venir, déclare l'historien de la mode Adam Druker, aussi loin que je me souvienne, jamais un mannequin n'a été aussi commercialisable. En plus d'avoir un physique renversant, elle est aussi très intelligente. Les gens en ont assez de voir des potiches poser dans les magazines. La société a évolué et le public ne veut pas que des blondes idiotes et droguées servent de modèle aux enfants. L'époque des blondes opulentes est révolue de même que celle des mannequins héroïnomanes et squelettiques. »

Sklenarikova déclenche une véritable guerre des enchères entre les grands couturiers. Certains prédisent qu'elle va fixer la norme des vingt prochaines années. « Les changements que Kate et Naomi ont apportés dans les années 90 ne sont rien comparés à ce que Sklenarikova et les mannequins de sa génération feront pour l'industrie de la mode, déclare un couturier connu, les gens sont fatigués des top models drogués et alcooliques qui usent et abusent de leurs privilèges. Les femmes comme Sklenarikova sont exactement à l'opposé. Elles sont la preuve vivante qu'un mannequin peut être intelligent et qu'il n'a pas besoin de sniffer de la cocaïne avant de présenter les collections. »

C'est Devon Aoki, cette écolière fascinante d'origine japonaise, allemande et britannique, qui dispute le titre de reine du podium à Adriana. Le visage de poupée de porcelaine d'Aoki devient célèbre après que Kate Moss ait vu une photo d'elle dans *Interview Magazine* en 1998. Moss suit son instinct. Elle n'a jamais été aussi impressionnée par un mannequin et elle contacte immédiatement la présidente de Storm, Sarah Doukas, qui décide sur le champ d'offrir un contrat à Aoki. « Elle a un visage absolument unique, irréel, déclare Doukas à la journaliste Catherine Wilson. Elle fait penser à une peinture. »

Aoki est la fille du restaurateur japonais millionnaire Rocky Aoki et de l'artiste américaine Pamela Price. Elle fait ses débuts dans la mode à l'âge de cinq ans. Sa marraine la présente à son meilleur ami, le coiffeur Sam McKnight. McKnight, qui a connu la célébrité en devenant le coiffeur de feu la Princesse Diana, adore maquiller Aoki et lui mettre des perruques. « Elle va faire un malheur. Elle a les traits les plus extraordinaires que j'ai jamais vus », déclare McKnight.

Depuis que Moss l'a découverte à l'âge de quinze ans, Aoki a signé un contrat avec Chanel et est devenue la sensation de la maison. Elle a aussi été photographiée par le légendaire Steven Meisel pour *Vogue*. « Aoki est la personnification même du nouveau top model. Elle allie la beauté et l'intelligence, c'est une excellente élève et c'est le mannequin le plus exotique et le plus naturel qu'on ait jamais vu défiler sur un podium », déclare un représentant de Chanel.

Aoki est très consciente de la brièveté de la carrière de mannequin. Lectrice insatiable, elle a d'autres aspirations. « J'écris beaucoup de poésie, c'est ce que je veux faire après l'université. » Sa mère, Pam, une femme mince, blonde et ex-mannequin, est inquiète de voir sa fille devenir mannequin à l'âge de douze ans. On la voit dans un vidéo de Duran, Duran après que la photographe Ellen von Unwerth l'ait découverte dans une fête organisée en l'honneur de la pin-up Betty Page, cette figure légendaire des années 50. « Je l'ai bien avertie des embûches du métier. On lit tellement d'histoires horribles dans les journaux, j'ai eu peur que ma fille fasse partie de ce milieu... Je pense qu'il faut commencer très jeune pour avoir une certaine longévité. Espérons qu'elle fera une longue carrière comme Madonna et qu'elle ne connaîtra jamais les difficultés d'une Drew Barrymore. »

L'année 1999 s'avère tout à fait exceptionnelle pour le mannequin israëlien Maya Shoa. Shoa qui a grandi à Tel Aviv où elle fait son service militaire est une superbe brune, qui, à l'instar d'Adriana Sklenarikova, fait passer l'instruction en premier. Bien qu'elle ait déjà gagné beaucoup d'argent en présentant les collections des plus grands couturiers partout dans le monde, elle compte obtenir son diplôme en médecine alternative tout en poursuivant sa carrière de mannequin. « Je veux élargir mes horizons. Être mannequin c'est bien mais il faut pouvoir compter sur autre chose », déclare-t-elle.

En 1999, Shoa se retrouve en tête du hit parade. Elle figure dans plusieurs magazines de mode et devient un des mannequins les plus recherchés. « Ce n'est pas la fin des top models, c'est la fin des top models sans cervelle, déclare la critique de mode Emma Canning, de nos jours, agents et couturiers sont à la recherche de mannequins intelligents. On en a vraiment assez des histoires de toxicomanie et d'abus sexuels. La nouvelle génération de mannequins tente désespérément de nettoyer tout ça et c'est grâce à des filles comme Maya Shoa que cela deviendra une réalité. »

Sara O'Hare accède rapidement à la gloire. Porte-parole de la maison Wonderbra, elle est aujourd'hui le mannequin le plus célèbre et le plus respecté dans son Australie natale. Elle anime chaque année la Fashion Week, la célèbre semaine de la mode et a accepté de devenir la porte-parole australienne pour la recherche sur le cancer du sein. « Je sens une obligation morale de venir en aide à celles qui n'ont pas eu la chance que j'ai eue. Mon horaire est très bousculé, mais travailler à des causes charitables est pour moi une priorité. Il est très important de profiter de l'impact qu'ont les mannequins sur le public pour servir une juste cause. »

Le mannequin argentin Yamila Diaz-Rahi est connu pour son intelligence et pour sa grâce. Elle avoue qu'elle aime mieux se prélasser sur les plages de Buenos Aires, sa ville natale, qu'aller dans les cocktails où se côtoient les gens de la mode de Paris ou de New York. Elle prête son nom et participe à de nombreux événements de charité ou culturels pour défendre de bonnes causes. Sa sagesse et son bon sens ont joué un grand rôle dans le fait que *Victoria's Secret* l'ait engagée. « Elle a tout, un physique hallucinant et une grande intelligence. Elle va servir de norme pour les générations à venir. Avec des filles comme Yamila, on est assuré que les nouveaux mannequins seront instruits, auront le sens des affaires et seront superbes. Ça aidera à effacer la terrible réputation de cette industrie », déclare un agent de mannequins.

Le top model le plus prometteur est la jeune texane Bridget Hall. Hall débute à l'âge de neuf ans et est la préférée de Tom Ford, styliste chez Gucci, qui dira d'elle qu'elle est le mannequin le plus talentueux qu'il ait jamais vu défiler. Hall est grande, elle a des taches de rousseur et on ne tarit pas d'éloges sur ses dons. « Je n'ai jamais vu quelqu'un d'aussi à l'aise devant un objectif. Bridget est née pour devenir mannequin. Elle a du métier et beaucoup de discernement. C'est une beauté naturelle dont le QI est probablement le double de celui des mannequins avec lesquels j'ai travaillé », confie un photographe de mode.

Si l'on en croit la critique de mode Emma Canning, parmi les autres mannequins qu'il faudra avoir à l'oeil au début de l'an 2000, on retrouve : les jumelles Heather et Melissa Lloyd de Virginie,

Du sang neuf

Karen Ferrari du Botswana, et le mannequin brésilien de Ralph Lauren, Gisel Budchen. « Ce sont des mannequins très différents des top models comme Cindy Crawford qui a régné sur le milieu de la mode pendant si longtemps, dit Cannon, on a tellement parlé de la fin des top models! Pourtant, ces filles sont la preuve vivante que le milieu se porte bien. C'est agaçant d'entendre les gens dire qu'ils attendent la nouvelle Linda Evangelista ou la nouvelle Naomi Campbell. Linda et Naomi appartiennent à une ère révolue. Ça n'est pas juste de les comparer avec les nouveaux mannequins. Les nouveaux mannequins ont à offrir des choses nouvelles. C'est une évolution normale. Quiconque croit que les belles années sont derrière nous se trompe. La nouvelle génération est plus intéressante que jamais parce que pour la première fois on voit des mannequins qui ont des diplômes universitaires et qui ont beaucoup plus à offrir que leur joli visage. »

Chapitre 20
LE MYTHE DE LA BEAUTÉ

Prendre constamment soin de sa beauté peut devenir un problème et conduire à de graves troubles émotifs. Se maquiller, prendre soin de sa peau, de ses cheveux, de son corps, se parfumer etc., tout cela fait partie d'une routine qui peut prendre plusieurs heures par jour. La plupart des mannequins reconnaissent qu'il est difficile d'avoir l'air en forme quand on a travaillé et fêté la veille. Elles s'échangent des recettes pour soigner la gueule de bois : oeufs crus ou cuiller à thé de Vodka les aident à affronter les réveils difficiles.

Les mannequins prennent le plus grand soin de leur visage. Beaucoup utilisent des serviettes en papier pour se sécher le visage, pour que leur peau n'entre pas en contact avec les bactéries qui logent dans les serviettes en coton. La plupart dorment nues pour laisser « respirer » leurs pores pendant la nuit.

Pour avoir la peau douce, elles dorment mains et pieds enveloppés dans des chaussettes enduites de vaseline. Quelques jours avant une séance photos, les mannequins dorment souvent avec dans la bouche un appareil qui diffuse un produit javelisant censé blanchir les dents, malgré les mises en garde des dentistes qui estiment que cela peut détruire les dents, voire causer la mort. À New York, un dentiste spécialisé dans les implants dentaires qui a soigné de nombreux top models, dit que les mannequins peuvent dépenser jusqu'à 100 000 $ pour avoir le parfait sourire. « Je dirais que c'est le cas d'environ 90 pour cent des top

Top Models

models connus. Dans bien des cas, elles pourraient s'en passer mais dès la première consultation, les dentistes essaient de caser les traitements les plus onéreux. Beaucoup de mannequins se retrouvent avec des complications dentaires. La plupart des dentistes, moi y compris, sommes d'abord des hommes d'affaires. Quand on a une riche cliente dans son cabinet, on n'hésite pas à gonfler les prix. »

Un chirurgien esthétique de Los Angeles, qui désire lui aussi garder l'anonymat, dit que ces dernières années il a pratiqué sur les mannequins une opération qui consiste à enlever la dernière côte, ce qui est censé donner une silhouette plus mince : « Cette intervention radicale est très en demande. Les femmes de l'époque victorienne connues pour leur taille de guêpe y avaient recours régulièrement. Je ne suis pas personnellement en faveur de cette intervention mais si la cliente insiste, j'obéis. » Le chirurgien ajoute que la plupart des mannequins qui le consultent se font poser des implants pour avoir des pommettes saillantes.

« C'est un procédé simple qui consiste à ajouter une pommette prosthétique par-dessus la pommette existante, afin de rehausser la beauté du visage, c'est-à-dire la beauté telle qu'on la conçoit en Amérique du Nord et en Europe. »

Un mannequin du nom de « Brittany » admet qu'entre 1994 et 1998, période où elle travaille à New York, elle sort et prend de la drogue tous les soirs. Chaque matin, elle passe des heures à étaler cache-cernes et fond de teint avant d'affronter la séance photos. « J'avais souvent les yeux boursouflés. Normal quand on rentre à cinq heures du matin et qu'on doit aller travailler deux heures plus tard! J'avais toujours sous la main des sachets de thé et un concombre pour me faire des compresses. »

Brittany dit que son ancienne colocataire prenait des drogues dures et mettait des heures à camoufler les traces d'héroïne. « Son agent avait l'habitude de passer tous les jours pour l'aider à appliquer le maquillage. C'était un top model et l'agent ne voulait pas perdre d'argent. » De nombreux mannequins interrogés pour ce livre reconnaissent qu'il est fréquent de raser les croûtes et de recouvrir la blessure à l'aide de poudre et de fond de teint pour offrir une peau sans défaut aux photographes.

Gia Carangi, l'ancienne cover-girl héroïnomane emportée par le SIDA en 1986, est mise à l'index lorsque les rédacteurs de mode découvrent des traces de piqûres sur son corps. Carangi, qui a déjà fait les couvertures de *Vogue*, *Elle* et *Cosmopolitan* est la top model de la fin des années 70. Elle redéfinit les normes de la beauté. Les rédacteurs de mode décident de ne plus faire appel à elle à cause de son mode de vie jugé trop agité. Carangi se retrouve vite dans les rues de New York et d'Atlantic City. À vingt-six ans, elle est une des premières femmes en Amérique à mourir du SIDA. « Les gérants de Gia passent des heures à essayer de camoufler toutes les marques qu'elle a sur le corps, dit Elyssa Stewart, ancienne maîtresse de Carangi, le problème c'est qu'ils ne sont pas du tout intéressés à l'aider, elle. » Gia est de loin le mannequin le plus intéressant et le plus provocant de son époque. Les rédacteurs de mode savent dès le départ qu'elle prend de la drogue, mais ils n'en ont que faire. Lors d'une séance photos pour un magazine de prestige, l'un d'eux fournit à Gia un sac de cocaïne et de l'héroïne. Ce n'est que lorsque le bruit court qu'elle risque d'être séropositive que ces mêmes rédacteurs la mettent à l'index.

Selon Stewart, Carangi est la raison pour laquelle tant de mannequins d'aujourd'hui s'injectent de l'héroïne sous les ongles d'orteils ou sous la langue. Il arrive que les ongles s'infectent et tombent. Il arrive aussi que des filles deviennent aveugles après s'être injecté de l'héroïne dans les yeux. « Beaucoup d'agents avertissent leurs mannequins que si elles prennent de l'héroïne, il ne faut pas que cela se voie, dit Stewart, ils leur racontent l'histoire de Gia et les avertissent de faire attention pour ne pas finir comme elle. En réalité, la seule chose qui les intéresse, c'est de faire du profit sur le dos des filles. »

Carangi a grandi à Philadelphia. Elle est le mannequin préféré des grands photographes de mode Arthur Elgort, Francesco Scavullo et Helmut Newton. Carangi est connue pour s'habiller en homme et ne porter aucun maquillage. Son attitude de rebelle qui ne se laisse pas marcher sur les pieds lui vaut un succès foudroyant. « Si Gia avait passé plus de temps à recouvrir ses marques, personne n'aurait fait d'histoire, fait remarquer Elyssa Stewart, mais elle détestait le maquillage, elle voulait faire les choses à sa manière. Quand elle accepte enfin, il est trop tard. Elle est déjà considérée comme une paria. »

Selon le journaliste Martin Smith, près des deux tiers des mannequins que l'on voit dans les grands magazines ont recours au maquillage comme camouflage. « Beaucoup sont défoncées pendant la séance photos. Le maquillage est tellement perfectionné de nos jours qu'il les remet à neuf en un rien de temps. C'est incroyable. Il y a un an environ, j'étais à une soirée à Londres. La fête s'est terminée à trois heures du matin. Plusieurs mannequins connus y étaient. L'une d'elles qui a fumé des joints et bu du rhum toute la nuit me dit qu'elle a une séance photos le lendemain matin pour le *Vogue* britannique. Je lui demande comment elle va faire, elle me répond : "Je mettrai du maquillage, c'est tout. Je fais ça tout le temps." Vers 3 h 30 du matin, elle quitte la fête en compagnie de l'homme avec lequel elle a passé la soirée. J'avoue que tout ça me dépasse! »

Le maquillage s'avère indispensable pour venir à bout du stress ou des effets du climat et pour remédier aux situations d'urgence. Il permet de camoufler les boutons, la peau déshydratée ou fatiguée et les lèvres gercées. Un mannequin qui se présente à une séance photos doit avoir un teint éclatant. « Le temps ne fait de cadeau à personne, dit l'esthéticienne Nancy Harris, le plus beau mannequin du monde a besoin d'un bon maquillage pour parer à toutes les éventualités. Par exemple si elle est menstruée, elle devra utiliser les lotions et le maquillage adéquats pour couvrir ses boutons. Si elle a les lèvres gercées, il lui faut un baume pour les lèvres. Si un mannequin néglige l'étape de la préparation, ça risque de lui coûter cher. »

Harris dit que le fond de teint est la base même du maquillage. Sa polyvalence et sa tenue longue durée en font un ingrédient indispensable. « C'est tellement dur de rester toute la journée sous les projecteurs. Il faut trouver un fond de teint léger, naturel et facile à contrôler. Depuis une bonne dizaine d'années, les mannequins utilisent de plus en plus des produits naturels. C'est plus doux pour la peau et cela peut prolonger leur carrière. Un bon conseil : vérifiez toujours l'étiquette. Si les ingrédients chimiques se trouvent en tête de liste et les huiles naturelles à la fin, ce n'est pas un produit naturel. »

Harris dit que l'un des produits de maquillage les plus importants pour un mannequin est le mascara. Trouver le bon n'est pas facile. « Il existe de nombreuses marques sur le marché mais il y en a peu qui s'appliquent bien et qui résistent à une journée de travail. Dans les magazines, on voit tellement de mannequins aux cils mal maquillés! »

Les cils doivent être très propres, sans trace de crème ou de lotion pour éviter que le mascara ne colle. La plupart des mannequins se brossent les cils verticalement pour bien couvrir chaque cil.

La plupart des hommes et des femmes qui achètent des magazines de mode veulent avoir un physique athlétique ou un corps mince comme les mannequins. Ce qu'ils ne savent peut-être pas c'est que pour avoir l'air aussi séduisant, les mannequins dépensent des milliers de dollars chaque année en régimes, manucures, pédicures, coloration, salon de bronzage, etc. « Les gars se font souvent avoir par les apparences », déclare le top model Hedi Klum lors d'une entrevue parue dans *Cosmopolitan*. Elle précise : « Prendre le temps qu'il faut pour se pomponner est une façon très agréable de se sentir spéciale et bien dans sa peau. Ça n'a pas besoin d'être compliqué. Se faire les ongles ne prend que quelques minutes. Mais si vous voulez, vous pouvez aussi faire le grand jeu : coiffure, maquillage, etc. »

La maquilleuse et conseillère de mode Gabriella Santorini connaît plusieurs personnes qui s'efforcent de ressembler à Claudia Schiffer ou Chrisy Turlington et qui, n'y arrivant pas, font des dépressions nerveuses. « C'est triste que des hommes et des femmes soient assez naïfs pour croire une publicité télévisée qui leur promet de se métamorphoser grâce à une crème ou un shampooing. Quelle bêtise! J'ai travaillé assez longtemps dans ce métier pour savoir que la seule chose à faire c'est de s'accepter tel qu'on est. Après, c'est facile d'essayer d'améliorer son apparence. Chacun a des qualités dont il peut tirer profit. Le poids ou la ligne n'ont rien à voir là-dedans. La meilleure façon de commencer est de se regarder dans la glace très attentivement et d'être reconnaissant de ce que l'on est. »

Santorini qui a maquillé de nombreux mannequins dans sa carrière dit qu'avoir belle apparence relève d'abord du spirituel. Il faut être dans le bon état d'esprit. « Les transformations doivent se faire graduellement. Par exemple, une journée, ce sera le bronzage, le lendemain les sourcils, plus tard les lèvres. Si on fait tous les changements en même temps, on risque de ne pas aimer ça. Et si vous sortez ce soir-là, vous n'aurez plus le temps de changer. »

Santorini dit que la plupart des bons mannequins utilisent leur beauté naturelle. Les faux ongles et les faux-cils sont inutiles et dépassés. Les bons mannequins n'ont pas besoin de tout ça. Si elles se teignent les cheveux, c'est juste pour ajouter une touche de sophistication. »

Dans plusieurs régions d'Afrique, on évalue la beauté d'une femme à la largeur de ses hanches et de son ventre. Une femme bien en chair est signe de richesse et de prospérité. « J'aime les femmes épanouies et en bonne santé, déclare Ebenezer Sithan, médecin au Sénégal, dans mon pays, les hommes ne remarqueraient même pas vos top models filiformes. »

Depuis 1997, Tracey Walker est le mannequin le plus connu sur Internet. Walker qui s'est battue pendant des années pour se faire un nom a trouvé sa tribune. Elle fait la promotion de sa carrière et partage ses secrets et ses trucs de beauté. À présent dans la trentaine, elle dit qu'un régime naturel est la clé d'une apparence jeune. Sur son site, on peut consulter la liste des dix étapes les plus importantes pour avoir l'air jeune et en forme. L'accent est mis sur un style de vie naturel. « Buvez beaucoup d'eau, cela hydrate la peau et oubliez les salons de bronzage. Personnellement, j'adore me prélasser au soleil, alors quand je vais à la plage, j'utilise des lotions solaires à protection maximum. L'hiver, je laisse ma peau se reposer. Les sels minéraux sont importants, il faut en prendre tous les jours. »

L'artiste Autumn Wheeler est une spécialiste des transformations. Elle est d'accord avec Walker. « En feuilletant un magazine de mode, on repère tout de suite les mannequins qui n'utilisent pas de bons produits. À la longue la peau s'abîme. Je crois que les mannequins devraient prendre leur métier plus au sérieux, faire de l'exercice et mener une vie équilibrée au lieu de sortir tous les soirs. Ça les aiderait à être vraiment belles lorsqu'elles posent pour *Vogue* ou *Harper's Bazaar*.

Chapitre 21
STÉROÏDES ET MUSCULATION

Lorsque la vedette américaine Brandi Chastain déchire son maillot après avoir marqué le but gagnant lors de la Coupe du monde de football féminin en juillet 1999, elle fait plus que montrer à la société masculine à quoi ressemble un soutien-gorge noir. Avec ses biceps et ses abdominaux qui brillent au soleil, Chastain vient de redéfinir la notion de beauté. Elle a reçu depuis des tonnes de propositions pour faire des publicités et est devenue la pin-up de l'année. Pour la première fois depuis des années, le look « heroin chic » est démodé et remplacé par les femmes à l'apparence saine, forte et athlétique. Les rédacteurs de mode réclament Chastain à cor et à cri.

Selon le journaliste Martin Smith, si Chastain avait fait ce geste quelques années plus tôt, en plein « heroin chic », elle serait sans doute passée inaperçue. À cette époque, rapporte Smith, il fallait qu'une fille ait les clavicules qui sortent de ses vêtements pour qu'on s'y intéresse. « C'était comme si la mode disait à tout le monde de devenir anorexique. Il suffit de regarder les mannequins du début des années 90 pour s'en convaincre. Elles ont toutes le même corps émacié. On a tellement fait pression sur elles que plusieurs d'entre elles ont des troubles de l'alimentation. C'est d'ailleurs ce qui explique que tant de mannequins prennent des drogues dures. C'est le moyen qu'elles ont trouvé pour calmer leurs fringales. Un mannequin m'a avoué qu'elle avalait des tonnes de cocaïne tout en mangeant rarement plus d'une tranche de pain par jour. »

L'anorexie mentale qui peut se définir comme l'obsession de faire des régimes et d'être mince, affecte plus d'une adolescente sur cent aux États-Unis. Une majorité de ces victimes ne s'en remettent jamais. En fait, 20 pour cent d'entre elles en meurent. Chercheurs et psychologues attribuent ce phénomène à la télévision et au fait que l'industrie de la mode ait recours à des mannequins fluets au cours des années 90. « Les media ont un effet hypnotique sur les jeunes filles qui reçoivent le message qu'une extrême maigreur est le but à atteindre », dit Arthur Ruy, un journaliste qui a beaucoup écrit sur les problèmes d'alimentation des jeunes adolescentes. Il renchérit : « Quand elles voient dans un magazine ou à la télévision un mannequin comme Kate Moss, tout ce qu'elles veulent c'est lui ressembler trait pour trait. Mais comme la plupart des filles sont loin d'être aussi minces, elles se mettent à faire des régimes amaigrissants. La perte de poids tourne vite à l'obsession et en cours de route, nombreuses sont celles qui y laissent leur santé. »

Les victimes d'anorexie et leurs familles luttent pour comprendre pourquoi ce qui a commencé comme un simple régime a pu se transformer en trouble de l'alimentation. Le 15 avril 1997 au matin, Céline Sauvé, un mannequin de 16 ans, fille du millionnaire français Théo Sauvé, entre à l'hôpital à Paris. Elle est en train de mourir d'inanition. La santé de Céline commence à décliner lorsqu'elle prend l'habitude de quitter la table en plein repas pour aller se faire vomir. Elle parvient à cacher sa maladie et nie qu'il y ait un problème alors qu'elle continue à perdre du poids. Ses parents de plus en plus inquiets découvrent des pilules amaigrissantes dans un des tiroirs de sa commode. Ils trouvent que Céline qui pèse 46 kilos pour 1,70 m est déjà trop mince mais quand elle devient mannequin à l'âge de treize ans, c'est pire, elle est en plein déni de la réalité. Chaque fois qu'un de ses intimes lui parle de son poids, Céline est sur la défensive. « C'est rien, rien du tout » est la réponse habituelle. « Ça fait partie de mon boulot de garder la ligne. C'est comme ça que mon agent veut que je sois si je veux pouvoir faire concurrence aux autres filles et décrocher des contrats. »

Après des mois à regarder impuissant sa fille se détruire, Théo Sauvé prend l'avis d'un conseiller et convainc sa fille d'entrer dans une clinique. Si la vie de Céline n'avait cessé de décliner avec les années, ça aurait été tragique mais d'une certaine façon inévitable. Mais Céline est une fille athlétique et en bonne santé pendant les deux ou trois premières années de sa carrière. Elle pèse alors 52 kilos et se régale en mangeant des plats français ou italiens en rentrant de son travail. Ce n'est que lorsque son agent parisien lui annonce qu'elle a perdu plusieurs contrats à cause de son poids que Céline décide de suivre un régime amaigrissant et de s'y tenir. Théo Sauvé met en oeuvre tous ses talents de négociateur pour convaincre sa fille de se faire soigner. Le médecin qui la traite dit qu'elle serait probablement morte si elle n'avait pas suivi l'avis de son père. Aujourd'hui Céline est revenue à un poids normal. Elle a abandonné le métier de mannequin et étudie le graphisme par ordinateur. Théo Sauvé implore les parents de mannequins de surveiller leurs enfants pour pouvoir détecter les signes avant-coureurs de l'anorexie. « Grâce à Céline, j'ai fait la connaissance de nombreux parents comme moi. C'est dommage qu'on fasse autant pression sur les mannequins pour maigrir. Pour ma part, j'encourage tous les parents à essayer de convaincre

Top Models

leurs enfants d'abandonner cette profession s'ils détectent des problèmes d'alimentation. Ça peut devenir très dangereux si les parents n'agissent pas rapidement. Ça peut coûter la vie à leur enfant. »

Certaines agences de mannequins, loin de se montrer vigilantes, continuent à recruter les filles les plus maigres parce que ça rapporte. Selon un rapport d'enquête paru dans *Company Magazine*, les adolescentes qui souffrent déjà de troubles de l'alimentation sont souvent approchées par des agents qui leur disent de maigrir ou de suivre un régime. Un ancien agent de mannequins reconnaît que le mot d'ordre est « plus on est mince, mieux ça vaut ».

Lucy Cope, 15 ans, déclare à *Company* que deux grandes agences la poursuivent de leur assiduité. On lui dit qu'elle a le look parfait pour devenir mannequin. Or à cette époque, Cope souffre d'anorexie, elle pèse moins de cent livres et elle se fait traiter dans une clinique spécialisée. Une autre fille, Lucy Stanley, qui mesure 1,80 m et pèse 52 kilos se voit platement refusée par des agences qui lui déclarent qu'elle est trop grosse. Elle souffre à l'époque d'anorexie et de boulimie. « On m'a dit dans une agence qu'avec des fesses aussi grosses je n'irais nulle part. Une autre agence m'a dit que j'avais des hanches énormes... J'ai perdu plusieurs livres. J'avais les joues creuses, les yeux enfoncés, ma peau était horrible. J'avais l'air d'une folle. Comment peut-on trouver ça beau? »

La plupart des agences nient qu'elles essaient de recruter des filles qui souffrent de troubles de l'alimentation. Un agent reconnaît toutefois que le look « heroin chic » est ce que la plupart des agences recherchent. « Dans le métier, on veut des mannequins filiformes parce que le poids est un sujet qui rejoint beaucoup les adolescentes. Moi-même je refuse d'engager des filles si elles ne sont pas très minces. J'ai horreur de faire ça, mais je n'ai pas le choix. C'est ce que veulent les magazines et les annonceurs qui me paient. »

Une des agences qui n'est pas citée dans l'article de *Company* est Elite. Sam Thorburn qui s'occupe des nouveaux visages à Elite Premier déclare à la journaliste médicale Celia Hall : « Si une fille vient nous voir et qu'on pense qu'elle a besoin de perdre quelques centimètres aux hanches, nous l'envoyons à notre nutritionniste pour être sûrs qu'elle suivra un régime sain et équilibré. On n'a pas besoin d'être affamé pour perdre du poids. Et puis comment peut-on être mannequin en étant anorexique? Il faut énormément d'énergie et d'enthousiasme pour faire ce métier! »

Tous les nababs de l'industrie de la mode ne sont pas coupables de promouvoir « l'heroin chic ». Peu de temps avant la parution de l'article de *Company* en 1997, les montres Omega retirent une publicité du magazine *Vogue* et d'autres magazines de mode luxueux pour protester contre l'utilisation de mannequins trop maigres. Accurist dépense près de 200 000 $ pour une annonce qui montre un mannequin dont on peut voir les côtes sous sa chemise. Elle est tellement maigre qu'elle ne porte pas sa montre au poignet mais autour du bras. Le slogan se lit comme suit : « Prenez du poids. » Accurist est attaqué par la presse et par les spécialistes en troubles de l'alimentation qui accusent la compagnie de vouloir exploiter des mannequins trop minces mais la compagnie répond en disant qu'elle essaie seulement de faire entendre son point de vue dans le débat relatif à la maigreur excessive des mannequins. Une déclaration d'Accurist dit que la campagne publicitaire « aborde un sujet actuel très controversé... Tout en étant conscients que notre annonce est contestée et provocante, nous ne cherchons pas à fermer les yeux sur la vogue des mannequins anorexiques. Nous utilisons un symbole de la mode pour souligner la différence de poids existant dans la gamme des montres en argent solide. » Simon Palmer, porte-parole de l'agence de publicité TBWA et créateur de l'annonce dit qu'il a tenté de se moquer de l'industrie de la mode. « Nous ne disons absolument pas que c'est bien d'être maigre ou anorexique, déclare Wendy Stone, on a choisi le mannequin pour sa minceur. C'est vrai que la façon dont la photo a été prise la fait paraître pâle, mais c'est juste le style que le photographe a utilisé à ce moment là... Nous jouons le contraste de façon ironique pour faire passer notre message. »

L'*Advertising Standards Authority* condamne les montres Accurist pour avoir « rendu séduisant un mannequin aussi maigre et pour avoir accompagné la photo d'une légende qui joue sur sa taille, ce qui constitue une infraction grave ». L'ASA a reçu 83 plaintes de gens qui ont souffert de troubles de l'alimentation ou qui ont des amis qui en souffrent. L'ASA n'a pas fixé de règlement interdisant à l'avenir l'utilisation de mannequins maigres. Elle a cependant émis l'avertissement suivant : « Les annonceurs doivent se montrer plus sensibles aux messages qu'ils envoient lorsqu'ils abordent des questions sociales dans leur publicité. Jouer sur des personnes qui sont manifestement trop maigres ou les rendre séduisantes peut nuire et être considéré comme irresponsable lorsqu'on connaît la complexité des troubles de l'alimentation dans notre société. »

La rédactrice du *Vogue* anglais, Alexandra Shulman, dit que les mannequins qui ont le look « heroïn chic » peuvent avoir un effet déplorable sur les lectrices qui ont de graves problèmes de drogues. Shulman reconnaît que les mannequins qui ont l'air anorexiques ont souvent l'air d'avoir consommé de la drogue, ce qui les rend attirants aux yeux des toxicomanes. Shulman ne pense pas cependant que les magazines de mode devraient être condamnés pour les images qu'ils publient. Elle dit que les gens ont besoin de choisir un magazine et de rêver. « Je ne crois pas que les images de mode fassent la promotion de la drogue, pas plus que je ne crois que nous encourageons les troubles de l'alimentation. Par contre je suis sûre que ce que nous publions peut influencer les personnes vulnérables. Je suis rédactrice d'un magazine. Mon travail consiste à créer le magazine le plus intéressant possible. »

Le sociologue Andrew Clayman qui a déjà donné un cours intitulé Société et Culture pop est en profond désaccord avec Shulman. Les media, dit-il, doivent se montrer responsables socialement et ne pas encourager quelque chose qui peut nuire au public. « C'est un peu comme si on disait que c'est OK que les media publient des articles racistes parce qu'après tout les media ne sont que du divertissement. Personnellement, je ne vois pas où est l'avantage d'essayer de créer un monde imaginaire. Même si la plupart des gens voient ça au deuxième degré, certains prennent la chose au sérieux. Ils risquent de se faire du mal et de faire du mal aux autres. J'aimerais qu'on m'explique comment on peut justifier l'emploi de mannequins qui ont l'air anorexiques? L'anorexie est une maladie mortelle. C'est un sujet très grave qui ne devrait en aucun cas être présenté de façon séduisante. »

Le mannequin américain Carla Jones est devenue anorexique peu de temps après avoir signé son contrat avec une agence new-yorkaise en 1998. Carla, qui a alors quinze ans, travaille dur pour réussir. Une amie mannequin remarque qu'elle a de gros cernes sous les yeux. Inquiète, elle contacte la mère de Carla. La jeune fille a perdu beaucoup de poids en peu de temps. À quinze ans, elle est maintenant en-dessous des cent livres. Sa mère Linda se sent coupable d'avoir encouragé sa fille à devenir mannequin. « Elle était trop jeune et n'était pas prête à affronter les tensions psychologiques du métier. Tout est de ma faute. Si j'avais obligé Carla à rester à la maison et à finir ses études secondaires, rien de tout cela ne serait arrivé », dit-elle.

Au cours des premiers mois de sa maladie, Carla devient déprimée et suicidaire. Elle a peur de manger, c'est comme si elle associait à l'acte de manger des effets immédiatement négatifs. Elle refuse qu'on l'aide. Finalement, après des semaines d'essais désespérés, Linda convainc sa fille d'aller dans une clinique spécialisée. Il faudra attendre huit mois avant que le poids de Carla soit stabilisé et que les médecins décident qu'elle peut rentrer chez elle pour reprendre en toute sécurité une vie normale. Carla passera l'année suivante à tenter de reprendre sa vie en mains. « Je ne pouvais pas affronter la vie de mannequin. Mon agent a tellement insisté pour que je reste mince! J'en étais arrivée au point où je me sentais coupable de manger. C'était épuisant psychologiquement. Si j'ai réussi à m'en sortir, c'est grâce à l'amour et au soutien de ma famille. Sans eux, je serais probablement morte. »

Le photographe de mode Brian Smith prédit que l'obsession de la maigreur ne durera pas et que bientôt les agences seront à la recherche de mannequins en bonne santé et plus musclés. Smith craint cependant que la nouvelle mode ne conduise les adolescentes à mal se nourrir. « La plupart des mannequins qui réussissent commettent des excès, déclare Smith, qu'il s'agisse de drogues, de sexe ou de jeûne, elles sont prêtes à tout pour être minces. Je crois que les mannequins au look heroin chic vont céder la place à des mannequins toniques et je suis certain que les filles trouveront des façons créatives de muscler leur corps en prenant des stéroïdes anabolisants ou d'autres substances. Ce sera une sorte d'anorexie inversée. »

Le Dr Gary I. Wadler, professeur de médecine clinique à l'école de médecine de l'Université de New York dit qu'il est temps qu'on accepte les gens pour ce qu'ils sont et comme ils sont. Avant que ce jour n'arrive, dit Wadler, les gens continueront à s'autodétruire. « Nous sommes passés des beautés opulentes de Rubens à des filles filiformes comme Twiggy et aujourd'hui, nous revenons à une sorte de compromis : un corps mince et musclé. Ce sont des gens qui sont littéralement collés à leur miroir, lequel leur renvoie une image qui les laisse insatisfaits. Et ceci arrive maintenant à des adolescentes qui sont déjà musclées mais qui veulent l'être encore plus. »

Selon le Dr Michael Lee, psychiatre, de nombreux mannequins présentent les symptômes d'un trouble émotif appelé dysmorphie corporelle qui se définit comme la préoccupation excessive pour son corps, perçu généralement comme affreux ou inadéquat. Les malades même très jolies sont obsédées par l'image de leur corps. Lee attribue ce trouble à l'énorme pression que vivent les jeunes mannequins. « Elles sont complètement obsédées par le moindre détail, elles ne s'appartiennent plus. Le milieu des mannequins peut être très cruel et les jeunes adolescentes devraient y penser à deux fois avant d'aller tenter leur chance à New York. Ce genre de décision a coûté la vie à bien des jeunes filles innocentes. »

Nina Young, un mannequin issu d'une famille aisée du Massachusetts croit que les mannequins n'auraient plus de troubles de l'alimentation et n'infligeraient plus de mauvais traitements à leur corps si on mettait davantage l'accent sur le respect de soi. Elle compare l'industrie de la mode à « une usine à viande ». « La plupart des mannequins sont des filles bien et intéressantes mais elles sont très innocentes avant d'arriver à New York ou à Paris. Lorsqu'elles commencent à travailler là-bas, la pression est inhumaine. Tout le monde, des agents aux couturiers et aux photographes, exige qu'elles maintiennent une certaine image, ce qui est extrêmement difficile, quel que soit son mode de vie. Les choses changent et il faut suivre le courant. J'ai connu tant de jeunes mannequins qui n'arrivaient pas à garder le poids imposé et qui ont complètement perdu les pédales. C'est un métier très destructeur. Un jour vous avez du succès et le lendemain vous vous sentez laide et votre monde s'effondre. »

Verushka, ancienne gloire des années 70, dit que les mannequins perdent la capacité de penser logiquement lorsqu'elles se mettent à être obsédées par leur apparence. On ne peut plus leur faire entendre raison, elles piquent des crises de nerf et s'en prennent aux personnes qui veulent les aider. « Tant de mannequins veulent être les plus belles, les plus minces, les plus populaires. Mais il y a un prix à payer pour ça. Elles sont tellement compétitives qu'elles en perdent toute capacité à penser clairement. Ça devient une véritable drogue. La seule façon de survivre dans ce milieu est de se connaître et d'être soi-même. Si les gens n'aiment pas ça, c'est leur problème, pas le vôtre. »

Chapitre 22
LA MORT D'UNE LÉGENDE : GIANNI VERSACE

C'est la mort tragique de Gianni Versace, retrouvé devant sa propriété art déco de South Beach près de Miami, qui vaut à son assassin Andrew Cunanan de faire les manchettes de tous les journaux du monde. Immédiatement après la mort de Versace le 15 juillet 1997, la photo d'identité judiciaire de Cunanan fait les bulletins de nouvelles et paraît sur les avis de recherche dans les bars et les cafés. Versace est abattu peu avant 9 heures du matin en face des marches de sa propriété alors qu'il revenait du News Café situé trois coins de rue plus loin, où il venait d'acheter ses magazines. On le déclare mort à 9 h 15 au Ryeder Trauma Center du Jackson Memorial Hospital's à Miami. Cunanan l'a abattu de deux balles derrière la tête.

On soupçonne Cunanan de quatre autres meurtres. Après la mort de Versace considéré comme le couturier le plus célèbre de la mode, Cunanan a plus de 1 000 agents de police à ses trousses. C'est la chasse à l'homme la plus importante de notre époque.

Cunanan commence sa vague de meurtres à la fin d'avril 1997. À l'époque il connaît de graves problèmes financiers. Il doit 45 000 $ à Neiman Marcus et à d'autres boutiques et 21 000 $ à sa carte American Express. Le corps de Cunanan est découvert dans une péniche, à deux milles environ de la propriété de Versace à South Beach, un fusil de calibre 40 près de son corps, soit le même calibre

Top Models

que celui dont il s'est servi pour tuer Versace et ses autres victimes. Il s'est tué d'une balle dans la bouche. Le propriétaire de la péniche, un Allemand du nom de Torsten Reineck est également propriétaire d'un établissement à Las Vegas qui offre aux hommes gay des cures de rajeunissement. Reineck est recherché pour fraude en Allemagne. Bien qu'il n'ait pas habité la péniche pendant plusieurs mois, la police pense qu'il est possible qu'il ait utilisé l'embarcation comme base d'exploitation.

Les détectives n'écartent pas la possibilité que Cunanan ait connu Versace. Cunanan connaissait plusieurs de ses autres victimes, y compris son ex-amant Jeffrey Trail, dont on retrouve le corps à Minnneapolis le 29 avril 1997 roulé dans un tapis dans l'appartement de l'architecte David Madson. Par la suite, on soupçonne Cunanan d'avoir assassiné Madson, un autre des ses anciens amants. Bien que la police ne trouve pas de motif à sa folie meurtrière, il est clair que Cunanan s'était amouraché de Versace et de Trail. Lisa, une des sœurs de Trail qui a partagé un repas avec son frère et Cunanan deux ans avant les meurtres, a déclaré à un journaliste du *Times* de New York que Cunanan idôlatrait son frère. « Si Jeff se faisait couper les cheveux, Andrew le copiait immédiatement. Si Jeff revenait de San Francisco avec une casquette de baseball, il fallait qu'Andrew aille à San Francisco s'acheter exactement la même. Si Jeff se laissait pousser un bouc, Andrew en faisait autant. »

À la lumière des circonstances qui entourent l'assassinat de Trail, on spécule beaucoup sur le fait que Versace connaissait Cunanan. Les amis et les proches de Versace tentent de rejeter ces allégations absurdes et disent que Versace a été la victime d'un tueur fou. Mais dans les semaines qui suivent l'assassinat de Versace, il ne fait plus aucun doute

La mort d'une légende : Gianni Versace

que Versace et Cunanan se sont bel et bien rencontrés à plusieurs occasions. Un ancien colocataire de Cunanan, Erik Greenman, déclare à John Quinones d'*ABC News* : « Ils s'étaient déjà rencontrés. Très très brièvement. En buvant quelques cocktails, des trucs comme ça. C'est vraiment tout ce que je sais, mais Cunanan a rencontré Versace et quelques mannequins à ce moment-là. » Quinones demande à Greenman si Cunanan ne s'est pas plutôt vanté d'avoir rencontré le grand couturier. « Non pas du tout. En plus, il n'aimait pas spécialement Versace, ni ses vêtements. En fait il les trouvait plutôt moches. Non, Versace lui plaisait parce que c'était un homme mûr, gai, riche, puissant et admiré, bref tout ce que Andrew voulait... Parce que Andrew ne pouvait rien avoir de tout ça... Je veux dire, il savait qu'il ne pourrait jamais l'avoir. »

Un autre amant de Cunanan prétend que Cunanan a peut-être tué Versace pour se venger du fait que le couturier l'a snobé comme mannequin. « Andrew a fait des démarches auprès de Versace pour qu'il l'engage comme mannequin, mais Versace ne s'est pas montré trop intéressé. Ça devait se passer au début des années 90. J'ai eu Andrew au téléphone quelques jours plus tard et il traitait Versace de tous les noms. Il m'a dit qu'il le trouvait très arrogant, et qu'il souhaitait qu'il lui arrive du mal. Tout porte à croire qu'il voulait se venger de Versace. »

On a avancé l'idée que Versace et Cunanan avaient peut-être été amants. Mike Dudley qui travaille comme bénévole dans un café de San Diego révèle que Cunanan lui avait dit qu'il se vengerait du type qui lui avait donné le SIDA. « Il s'est mis à parler des trucs qu'il avait faits, sexuellement, et je lui ai expliqué que les choses n'étaient pas aussi tranchées, et qu'il devait prendre

277

plus de précautions. » Dudley dit que Cunanan était hors de lui, il a donné un coup dans un mur et a juré d'avoir la peau du salaud qui l'avait infecté. Il n'avait jamais passé de test du VIH, mais son passé tumultueux lui faisait croire qu'il avait le SIDA. « Andrew paranoïait parce qu'il avait eu un nombre incalculable d'amants, déclare Robbie Garrett, un ancien amant de Cunanan, il ne voulait pas se faire tester parce qu'il avait trop peur qu'on lui annonce une mauvaise nouvelle. Il semblait être convaincu d'avoir le SIDA. »

Un ancien associé de Versace dit qu'il est bien possible que Versace et Cunanan aient été amants. Par contre, son associé insiste sur le fait que jamais Versace n'aurait pu faire quoi que ce soit qui explique que Cunanan ait voulu le tuer. « Gianni menait la grande vie. Il aimait s'entourer de jeunes amants mais il les traitait bien, il était respectueux et ne leur aurait jamais fait de mal. Il est possible que Cunanan et lui aient été impliqués d'une façon ou d'une autre, bien que personne ne puisse le confirmer. Ce qui est sûr c'est que Gianni n'a rien fait qui explique qu'on lui en veuille au point de l'assassiner. Il est évident que Cunanan ne se contrôlait plus. Avant qu'on retrouve son corps, toute la communauté gay vivait dans la peur d'être sa prochaine victime. »

Gianni Versace avait 50 ans. Il est et restera le couturier le plus respecté et le plus aimé du monde de la mode. Révolutionnaire dans sa façon de présenter la mode, il a su attirer des célébrités à ses collections et il les a mises en scène dans ses campagnes publicitaires très remarquées en ayant recours à des photographes aussi connus que Bruce Weber, Helmut Newton, Herb Ritts et Richard Avedon. Courtney Love, Madonna, Jon Bon Jovi, Elton John, Patricia Arquette et l'artiste connu auparavant sous le nom de Prince, ont tous été

La mort d'une légende : Gianni Versace

mannequins pour Versace. « C'était l'homme le plus chaleureux, le plus généreux et le plus sensible », déclare Bon Jovi.

Une semaine après sa mort, plus de 2 000 personnes rassemblées dans la cathédrale gothique de Milan viennent rendre un dernier hommage à Versace. Avant la messe de souvenir, ses proches amis vont en grand nombre dans le jardin situé dans la partie inférieure du palazzo, où l'urne funéraire repose sur un simple autel. Parmi eux on retrouve Carolyn Bessette-Kennedy, Naomi Campbell, Eva Herzigova, Anna Wintour, Sting et la Princesse Diana qui devait elle aussi trouver une mort tragique un mois plus tard. Diana porte une robe noire et un collier de perles. « C'était mon meilleur ami. Il avait tous les dons et un instinct quasi infaillible. Son souvenir restera vivant dans nos coeurs », déclare la Princesse. Elton John et Sting lui rendent hommage en chantant une version solennelle du Psaume 23, « Le Seigneur est mon berger ». Les personnes qui assistent à la cérémonie sont émues aux larmes. « Gianni était un frère pour moi, confie Elton John, on se ressemblait beaucoup. On avait les mêmes goûts. Il m'apprenait des choses sur l'art, je lui en apprenais sur la musique. Nous étions sur la même longueur d'ondes, toujours avides de créer, d'essayer de nouvelles choses. Gianni était quelqu'un de stimulant, quand on le quittait, on partait toujours avec de nouvelles idées sur la mode, l'art ou la vie. On se sentait en sécurité avec lui. Parfois il avait raison, parfois non. Tous les artistes sont comme ça. »

Plusieurs de ses rivaux assistent au service funèbre, dont Karl Lagerfeld, Gianfranco Ferre, Carla Fendi et Giorgio Armani. « Nous sommes tous sous le choc, je n'arrive pas à croire qu'il n'est plus parmi nous », déclare Valentino Garavani le jour où Versace est abattu. Le grand couturier

Top Models

Valentino était un ami intime de Versace. « Je l'ai vu quelques jours avant, il riait, il profitait de la vie et de ses bienfaits... Je ne peux pas croire que quelqu'un ait voulu le tuer. »

Né à Reggio Calabria dans le Sud de l'Italie, Gianni Versace, a grandi en regardant sa mère, Franca, tenir une boutique de vêtements qui avait du succès. Franca Versace, qui était aussi une couturière expérimentée, employait plus de 40 couturières dans sa boutique. Gianni a toujours voulu faire partie des employés de sa mère. « L'amour de la couture est venu à moi sans que j'aie à lever le petit doigt... Quand on a grandi dans la beauté de Calabria, de ses bains romains, de ses ruines grecques, on ne peut pas échapper à cette influence qu'exerce l'Antiquité. »

En 1972, Gianni est engagé par plusieurs maisons italiennes pour créer des collections. Son talent se fait immédiatement remarquer. Versace rejoint alors le groupe d'élite des couturiers italiens pleins d'imagination comme Armani, Valentino et Benetton. Avec ses créations spectaculaires, Versace fait concurrence aux grands couturiers français qui dominent la mode. Versace place Milan au même niveau que Londres, Paris et New York, qui sont la Mecque de la haute couture. Un de ses collègues déclare : « C'était le couturier le plus innovateur. Il avait le chic pour créer des motifs qui étaient de véritables oeuvres d'art. Étudiant en histoire de l'art, il a su allier le passé et le présent comme personne. Gianni Versace est à la mode ce que Louis Armstrong est à la musique - un innovateur. »

Fondé en 1978, le bureau central de la maison Versace à Milan appartient aux membres de la famille qui en assurent la direction. Le frère, Santo, est président de la compagnie tandis que sa sœur, Donatella, en est la directrice artistique. En 1993,

La mort d'une légende : Gianni Versace

Versace lutte contre un cancer de l'oreille interne. Il fait le voeu de guérir. « J'ai dû passer bien des tests et des scanners et suivre des traitements éprouvants. Mais comme je l'ai dit, je suis de nature très optimiste. Je ne suis pas du genre à m'effondrer. Je me bats. »

Depuis la tragédie, les Versace ont beaucoup de difficulté à maintenir la réputation si durement gagnée par leur frère. Dans sa tentative pour donner une nouvelle forme à l'empire Versace, Donatella se brouille avec plusieurs des proches associés de Gianni. L'un de ceux qui la critiquent est Antonio D'Amico, le compagnon de Versace depuis de nombreuses années. D'Amico critique publiquement les changements que Donatella impose à la maison de couture. Donatella réplique : « Ma relation avec Antonio est exactement la même que quand Gianni était en vie. Je le respecte en tant que petit ami de mon frère, mais je ne l'ai jamais aimé en tant que personne. »

Les frères et soeurs dépensent beaucoup d'argent pour se protéger d'une mauvaise publicité. En mai 1999, les Versace parviennent à arrêter la publication d'une biographie très controversée de leur frère qui aurait révélé des aspects très négatifs de leurs modes de vies respectifs. Dans son ouvrage intitulé *Undressed : The Life and Times of Gianni Versace* (ou : « La vie de Gianni Versace mise à nu ») Christopher Mason décrit les Versace comme des patrons injustes envers leurs employés et comme des gens extrêmement dépensiers. L'auteur dit que pendant qu'il faisait sa recherche, les Versace ont tout fait pour lui rendre la tâche pénible. Selon Mason, les Versace ont contacté les gens qu'il avait interviewés pour tenter de les convaincre de se rétracter. Il prétend qu'ils ont proposé à ses sources de signer certains documents et qu'ils sont entrés en contact avec d'autres sources potentielles pour tenter de les dissuader de coopérer avec lui.

Un porte-parole de Little, Brown, l'éditeur de Mason dit qu'ils ont renoncé à publier le livre pour des questions de légalité. « À la mi-mars, nous avons reçu des lettres (des avocats des Versace) nous menaçant de poursuites légales... Nous sommes tombés d'accord avec Christopher Mason que le livre ne pouvait pas être publié dans sa forme actuelle, et il l'a retiré. »

Little, Brown annonce que dans le livre il est question du jour où Gianni Versace a trouvé la mort. Les Versace en deuil étaient contrariés que Mason se présente comme un ami intime de Gianni alors qu'en réalité ils ne s'étaient rencontrés qu'à quelques reprises en 1997. Les Versace considèrent Mason comme un opportuniste parce qu'il a accepté l'avance de six chiffres de l'éditeur, « tablant ainsi sur notre tragédie familiale, la mort de Gianni ».

Ed Filapowski, l'agent de presse des Versace à New York dit que les Versace sont satisfaits de la décision finale. « Il appert que l'éditeur Little, Brown a perdu confiance dans le manuscrit. Le manuscrit est bourré de faits déformés et d'inexactitudes et il est clair qu'il était irrécupérable. Nous avons fait ce que n'importe qui aurait fait dans les circonstances, nous nous sommes défendus et nous avons défendu notre nom. » Christopher Mason soutient pourtant que son reportage est exact. « J'avais entièrement confiance dans mon reportage et j'avais une documentation substantielle », déclare l'auteur à la journaliste du *New York Times* Cathy Horyn. Elle affirme : « J'ai senti, bien sûr, qu'on avait des problèmes mais je croyais qu'on arriverait à les résoudre... J'avais le sentiment très fort que

La mort d'une légende : Gianni Versace

beaucoup de gens étaient intimidés et ne voulaient pas s'impliquer en me parlant. »

Ce n'est pas la première fois que les Versace s'en prennent aux media avec succès. Il ont intenté des procès à plusieurs publications britanniques pour libelle, et ont obtenu gain de cause en cour ou en recevant des dommages-intérêts et des excuses. Selon le journaliste Martin Smith, les Versace sont en train de mettre en danger la liberté de presse en intimidant les journalistes avec des avocats qu'ils paient très cher. « Je comprends les préoccupations de la famille, mais il faut voir aussi que cela risque de créer un dangereux précédent, confie Smith, le public a le droit de décider de la véracité d'un livre ou d'un article. Personne ne devrait avoir le droit de bloquer une publication. Si quelqu'un estime qu'il a été diffamé après la sortie du livre, alors il a le droit d'intenter un procès. Pas avant. »

Un ami intime de Donatella Versace dit que la famille Versace essaie souvent de contrôler ce que l'on écrit sur elle dans la presse. « Je les comprends. Il s'est publié tant de choses désobligeantes sur eux. Mais je ne crois pas que ça leur donne le droit d'empêcher la sortie d'un livre, quel qu'en soit le sujet. Je sympathise avec les Versace qui viennent de traverser une épreuve épouvantable et je crois qu'on devrait les laisser s'occuper de leurs affaires. »

Six mois après la mort de Gianni Versace, sa famille intente une poursuite en justice pour empêcher la publication des photos de l'autopsie. La famille a retiré les objections précédentes concernant la publication de renseignements financiers dans les dossiers, mais reste déterminée à empêcher que l'on divulgue les photos de l'autopsie. « Tout ce que nous demandons, c'est le respect pour un homme qui a été assassiné », déclarera le porte-parole de la famille, Lou

Colasuonno. Il conclut : « Gianni Versace a été victime d'un tueur en série. Nous aimerions qu'il soit traité comme une victime. Avec respect. »

Chapitre 23

DÉFILER À LA FRANÇAISE

Hiver 1998. Élise et Valérie sirotent leur coupe de champagne et fument un joint dans le studio qu'elles ont loué au coin de la 11ème et de Washington Avenue, dans le quartier miteux de South Beach. Dehors, il est courant de voir des prostituées faire le trottoir et coudoyer des photographes de mode, des mannequins et des hommes d'âge mûr. Il est 9 h 30 du matin et les deux mannequins de Montréal se préparent pour une grosse journée de travail. Élise, 18 ans, a une séance photos pour une revue espagnole spécialisée dans le style de vie. Valérie, 22 ans, qui a travaillé à Montréal dans la boîte de strip-tease bien connue, Chez Paree, va faire des essais pour un magazine de « soft porn ». Les yeux dans le vague, elles écoutent leur vieux radiocassette qui beugle une chanson de Bjork. Elles ont l'air ailleurs, un peu comme si elles voyaient défiler des souvenirs qui ne leur appartiennent pas.

« Tout ça c'est de la merde, mais c'est moins pire que d'être dans le froid glacial de Montréal, dit Élise, le seul truc bien ici, c'est la nuit que ça se passe. Quand je suis arrivée, j'ai découvert des boîtes à côté desquelles les clubs de Montréal ressemblent à des jardins d'enfants. C'est complètement dingue. Tu peux acheter de la cocaïne et de l'ecstasy au bar. Mais ici les gens sont tellement laids, tellement faux-jetons. Ils se croient tous au-dessus des autres. Les types qui s'occupent des mannequins veulent juste les fourrer et les filles sont de vraies salopes. Un jour elles sont ta meilleure amie, le lendemain elles vont dire à tout le monde que tu es malade parce qu'elles ont peur qu'on te choisisse et pas elles. Ici on ne peut faire confiance à personne. »

Élise et Valérie sont parmi les centaines de mannequins canadiens qui s'envolent chaque année en direction de South Beach à Miami, dans l'espoir de devenir la prochaine révélation. South Beach est un quartier qui grouille de plages topless, de maisons historiques, de criminalité et de vie nocturne. C'est devenu la Mecque de la mode en Amérique. Depuis que la série télévisée « Miami Vice » a connu un succès international dans les années 80, les nababs de la mode du monde entier viennent y ouvrir leur commerce. La série en a fait un portrait violent mais stylé d'un quartier de Miami qui croupit dans la criminalité, et de l'acteur Don Johnson qui ne porte pas de chaussettes dans ses mocassins.

« C'est complètement dingue ici », dit Élise, qui porte une robe en dentelle bleue très courte avec un décolleté très plongeant. Elle ajoute : « On est à la merci des hommes qui dirigent l'industrie. Si tu ne joues pas le jeu, tu n'as pas de contrat. C'est aussi simple que ça. Alors tu dois manger, boire et coucher avec eux. Si tu refuses, une fille prendra ta place. La compétition est complètement folle. C'est chacun pour soi. »

Valérie reconnaît qu'elle aime faire la fête et prendre de la drogue pratiquement tous les soirs. Le matin, elle passe des heures à appliquer du fond de teint et de l'anti-cernes pour avoir l'air présentable le jour où elle a une séance photos : « À chaque sortie, je suis lessivée. » Ce matin-là, Valérie a les yeux bouffis, elle est rentrée à 6 heures et s'est levée deux heures plus tard pour aller travailler.

Elle se met des compresses d'eau froide : « J'ai intérêt à ce que ça dégonfle et vite! Je n'ai pas les moyens de perdre ce boulot. Ça coûte cher vivre ici. » Quand Valérie est à court d'argent, elle travaille dans une boîte de strip-tease située dans le centre-ville de Miami. « J'ai de la chance de pouvoir gagner ma vie autrement. J'ai horreur de ce boulot mais au moins je mange à ma faim. Tout ce que je veux c'est de me décrocher assez de contrats comme mannequin. Je ne veux pas avoir à danser nue toute ma vie. C'est une vie très dure. »

Élise et Valérie ont demandé du travail aux grosses agences de South Beach, incluant Boss Models et Next Management. « Nous nous sommes retrouvées avec des agents moins importants parce que les grosses agences sont trop compétitives. C'est aussi bien d'avoir quelqu'un de moins connu qui a du temps à vous consacrer. »

À en croire le dénicheur de talent Vincent Lopiccola, les mannequins québécois sont parmi les plus populaires à South Beach. « Tous les gens qui travaillent dans la mode adorent les Québécoises, déclare Lipiccola, elles ont la réputation d'être très chaudes. Plus même que les Suédoises ou les Latines. On a beaucoup de plaisir avec elles. Les agents les aiment parce qu'elles sont prêtes à faire n'importe quoi pour être engagées. N'importe quoi. Un célèbre agent de mannequins se vante que le jour même où il leur donne un contrat, les filles de Montréal lui font une pipe. »

Élise et Valérie admettent qu'elles connaissent tous les trucs pour camoufler les traces d'injection. Élise connaît des mannequins qui s'injectent de l'héroïne sous les ongles d'orteils, sous la langue ou entre les orteils pour éviter toute trace compromettante. « J'ai vu des filles couvrir les marques d'aiguille avec du fond de teint avant une séance photos. C'est complètement fou ici, mais je tiens bon. Je ne m'en irai pas avant d'avoir terminé ce que je suis venue faire. Je veux rentrer à Montréal les poches pleines de gros dollars US. Et je suis prête à faire tout ce qu'il faudra pour réaliser mon rêve. »

Épilogue

C'est une industrie où la séduction côtoie la cruauté. J'espère que ce livre évitera à celles qui veulent devenir mannequins de tomber dans les pièges parfois redoutables de cette profession. Le monde sera toujours fasciné par la beauté et par les gens « merveilleux ». Si vous arrivez à vous joindre au groupe, vous deviendrez partie intégrante d'une tradition qui remonte aux temps les plus anciens. C'est un défi et les bénéfices peuvent être étonnants. C'est peu de dire que d'énormes améliorations s'imposent. Il se peut même que vous, lecteurs, passiez à l'action pour rendre la vie plus facile à vos collègues et à la génération qui vous succédera.

Un mot encore. Je serai un de vos plus fervents admirateurs si vous êtes un de ceux-là et j'ai hâte de vous voir bientôt défiler sur un podium!

Le mot de la fin

« Une belle fille connaît moins bien les hommes qu'une fille ordinaire. C'est vrai. Mais une belle fille n'a que faire de connaître les hommes. Ce sont les hommes qui ont besoin de la connaître. »

Katherine Hepburn

Table des matières

Top Models